古着・古布の再利用もOK！

みんなの手で編む布ぞうり

小石正子

河出書房新社

どんな布でも OK！
布ぞうりはエコと健康を大事に考えます。

私は布ぞうり作りに２つの思いをこめています。

１つめは古着や古布の再生です。布ぞうりは木綿、麻、タオルからデニム、着物まで、どんなものでも１枚の布に戻して作れます。ものを大切にし、最後まで使い切る暮らし方や手作りの楽しさが、少しでも地球のごみ減らしに役立つエコ活動を担ってほしいと思うのです。

２つめは健康。鼻緒をぎゅっとはさんで履くぞうりは正しい姿勢を作り、成長期の子どもの偏平足防止にも効果があるといわれています。また指先を使ってぞうりを編んでいると手がぽかぽかとあたたまってきて、脳の活性化にもなります。

私が考案したマサコ流布ぞうりの基本は、鼻緒が V 字に開く形です。鼻緒をぞうりの台にしっかりと挿し込んで作るので、丈夫で長く履き続けることができます。

豊かな時代になり、まだまだ着られるのにこだわりなく捨てられていく衣服たち。また、それとは逆に、もう着られないのに捨てがたいお気に入りの衣服や思い出の着物、気がつくとたまっている古タオル。そんな古着や古布を布ぞうりにしてよみがえらせてみませんか。もちろん古布だけでなく、お気に入りの新しい布でも構いません。健康にもいい、みんながうれしい手で編む布ぞうり、作ってみませんか？

小石正子

Contents

ふわふわ

6 … 01 湯上がりタオルぞうり
7 … 02 ビーチサンダル風ぞうり
8 … 03 ツートンカラーのシンプルぞうり
9 … 04 ストラップ付きキッズぞうり
10 … 05 ダブルガーゼのV字鼻緒ぞうり
11 … 06 やわらかガーゼぞうり

ふかふか

12 … 07 ピンクリボンのおしゃれぞうり
08 ふかふかファーぞうり
13 … 09 フリースのカラフルぞうり

しゃきしゃき

14 … 10 オリジナルV字鼻緒の布ぞうり
11 パイピング鼻緒の布ぞうり
15 … 12 ペア・ペア布ぞうり
16 … 13 チェックの木綿ぞうり
14 2色使いの木綿ぞうり
17 … 15 スリッパ風かかと付き布ぞうり
18 … 16 おしゃれ鼻緒のお揃いぞうり

うきうき

19 … 17 子ども服ミックスぞうり

ほっこり

20 … 18 太鼻緒の姉妹ぞうり
21 … 19 思い出の着物ぞうり

ぼこぼこ

22 … 20 親子ペアのデニムぞうり
23 … 21 かかと付きデニムぞうり
24 … 22 どっしりMen'sぞうり
25 … 23 ちりめん鼻緒のぞうり

しゃりしゃり

26 … 24 フラワー麻ぞうり

Arrangement

27 … 25 ダイエット布ぞうり

スリッパいろいろ

28 … 26 カバーで遊ぶタオルスリッパ
29 … 27 小判型ジュニアスリッパ
28 お客さまスリッパ

キッズ用スリッパ

30 … 29 Tシャツスリッパ
30 コットンスリッパ
31 … 31 アップリケ・スリッパ

ネクタイ・リメイク

32 … 32 シルクのゲストスリッパ

着物・リメイク

33 … 33 思い出の和柄スリッパ

34 … 布ぞうり基本レッスン
56 … 作品の作り方

5サイズの型紙

62 … 27cmサイズ
64 … 23.5cmサイズ
66 … 21cm
68 … 18cm
70 … 15cm

作り方の注意点

・材料の布やPPロープは、一般的な木綿を使用して基本のぞうりを作る場合に必要な分量を基準に割り出しています。初めて布ぞうりを作る方は多めに用意することをおすすめします。また成長期のお子様の布ぞうりは甲の高さや足の形に合わせて、長さを調整してください。

・ぞうりやスリッパのできあがりサイズは目安です。編むかたの手の大きさや指の太さ、編むときの力加減によって変わってきます。

基本のV字鼻緒

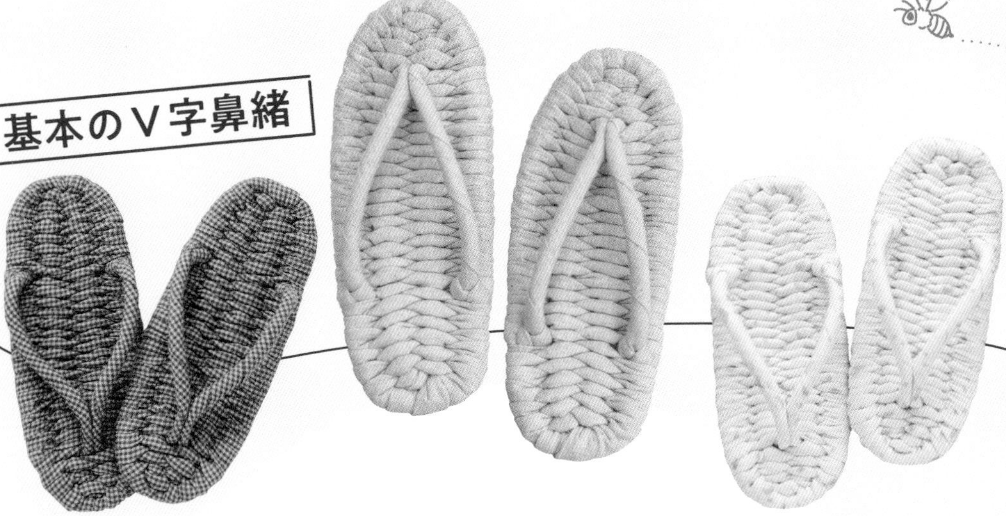

編んで楽しい、
履いて足に良し！
みんなの エコな
布ぞうり大集合

布で編むから布ぞうり。古着や余り布を再利用して編める手作りの室内履きです。布なので吸水性はバツグン。足の裏はいつでもサラサラ。汚れたら洗濯機で丸洗いできます。鼻緒を指ではさんで歩く気持ちよさは格別です！

スリッパ

前つぼ付き

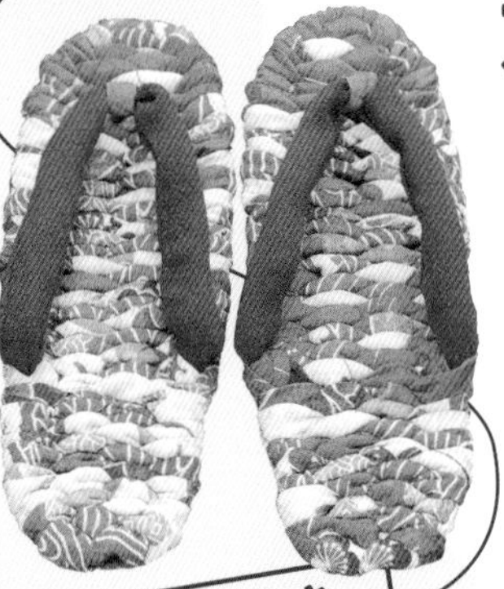

筒型鼻緒

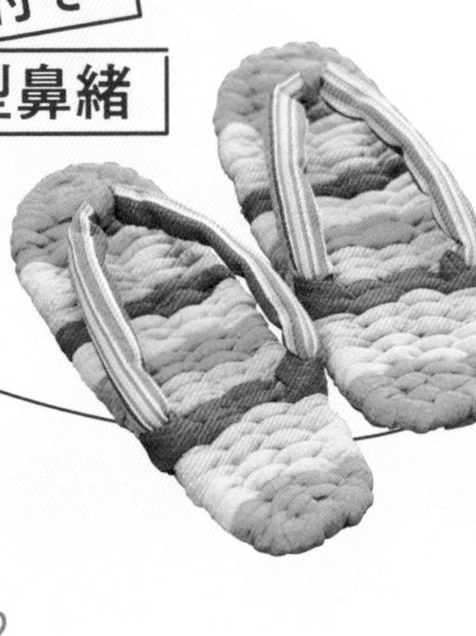

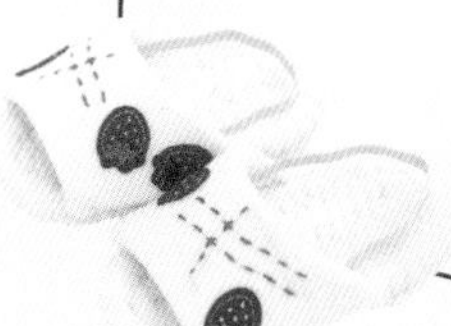

アレンジ

タオル

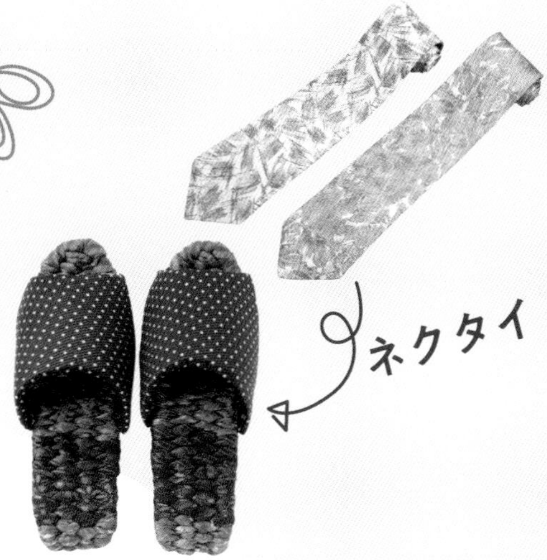

ネクタイ

どんな布でも作れます。

古着や古布をリメイク

着られなくなった洋服や使い古したタオル、思い出の着物など、どんな布でも大丈夫。無駄なく使いきって丈夫な編みひもにできます。履くほどに足になじむ布ぞうり。きれいな小判型に編める５サイズ分の型紙付きです！

着物

デニム

シャツ

Tシャツ

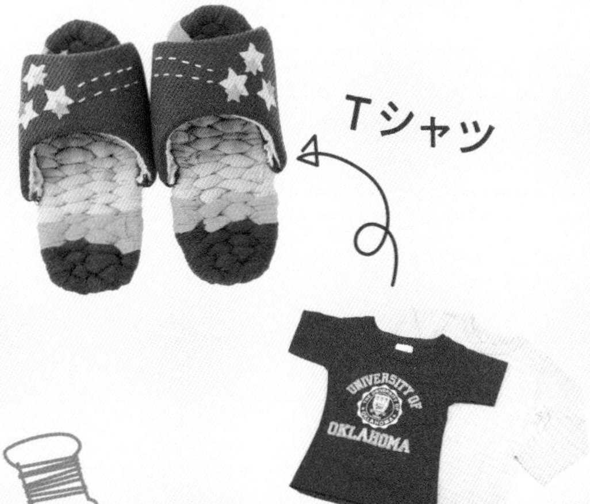

ふわふわ

タオル

01 湯上がりタオルぞうり

a23.5cm・b15cm／作り方56ページ

お風呂上がりのほてった足に気持ちいい
タオル地の布ぞうりを、使い古したバスタオルで
作りました。キッズ用の真っ赤な前つぼは
古いおしぼりを再利用！

キッズはやわらかめに編みます。前つぼ付きなので、小さな足でも鼻緒をしっかりはさんで歩けます。

ふわふわ

タオル

02 ビーチサンダル風ぞうり

a18cm・b21cm・c23.5cm／作り方56ページ

大判バスタオルで作った
親子3人のお揃い布ぞうり。
子ども用の鼻緒は
タオルを変えて。
ビーチサンダルっぽい
幅広の鼻緒はウレタン入りで
足あたりもやわらかです。

鼻緒の高さと角度は足に合わせて調整できます。ママ用の台は細身のスリッパタイプ。かかと付きでおしゃれ！

ママ用。鼻緒は柄の出方を変えても楽しいです。

ふわふわ

パイル

03 ツートンカラーのシンプルぞうり

a18cm・b23.5cm／作り方56ページ

コットンパイルの風合いを生かした
ナチュラルテイストの布ぞうり。ころんと
太めで可愛い鼻緒でほっこりと。大人用と子ども用、
鼻緒と台の色を変えて、お揃いに。

ふわふわ
パイル

鼻緒にコサージュを縫いつけて、可愛らしく！

04 ストラップ付きキッズぞうり

15㎝／作り方56ページ

健康な足づくりのために
キッズにも、どんどん布ぞうりを
履かせましょう。足の甲にフィットする幅広鼻緒と
ストラップ付きで、脱ぎ履きもバッチリ！

ストラップは平ゴムで。
足に合った長さに調整
してください。

ふわふわ

ガーゼ

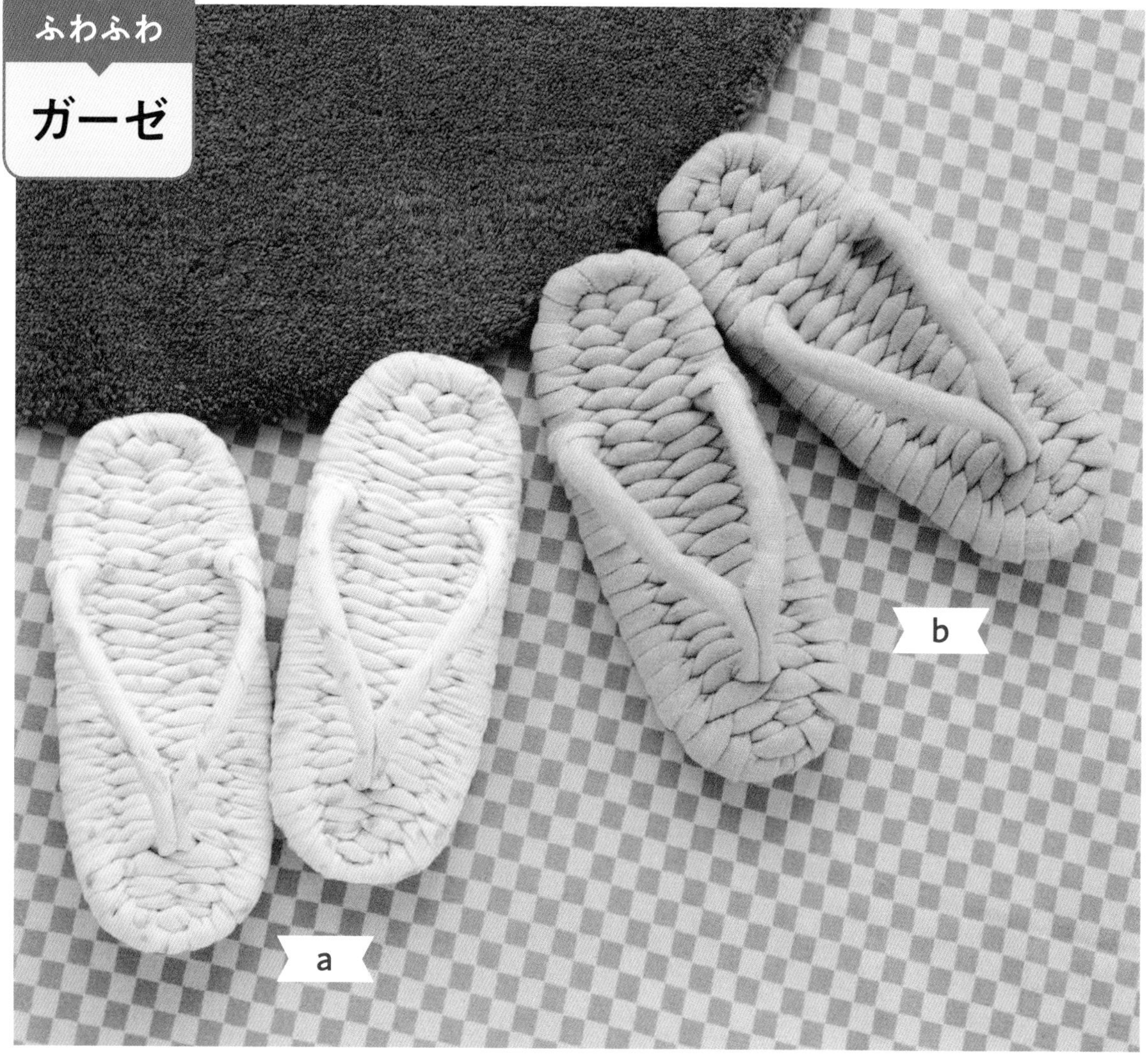

05 ダブルガーゼのV字鼻緒ぞうり

a.b23.5cm／作り方56ページ

オーガニックコットンの
古いガーゼバスタオルをリメイクしました。
通気性、保湿性バツグンなので、夏はひんやり、
冬は暖か。いつでも足裏はサラサラです。

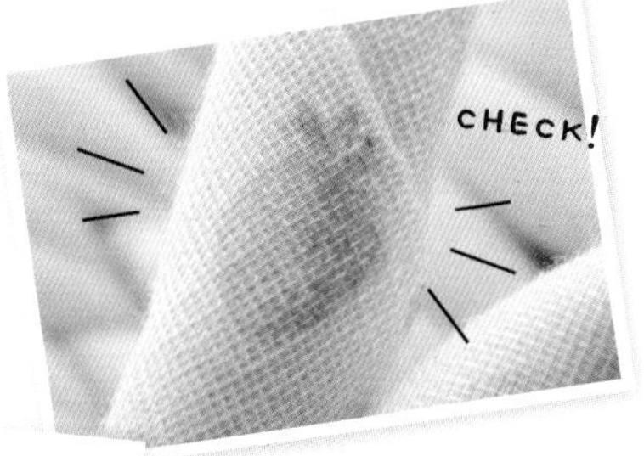

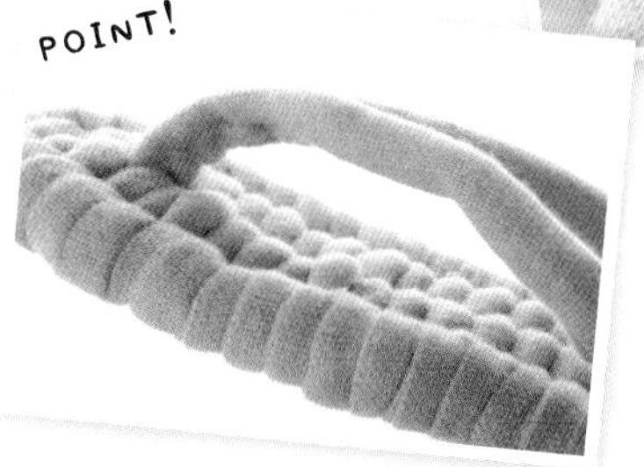

(上)いちご柄をきれいに見せて。鼻緒の柄出しにセンスが光ります。
(左)洗濯を重ねても型くずれしません。

ふわふわ
ガーゼ

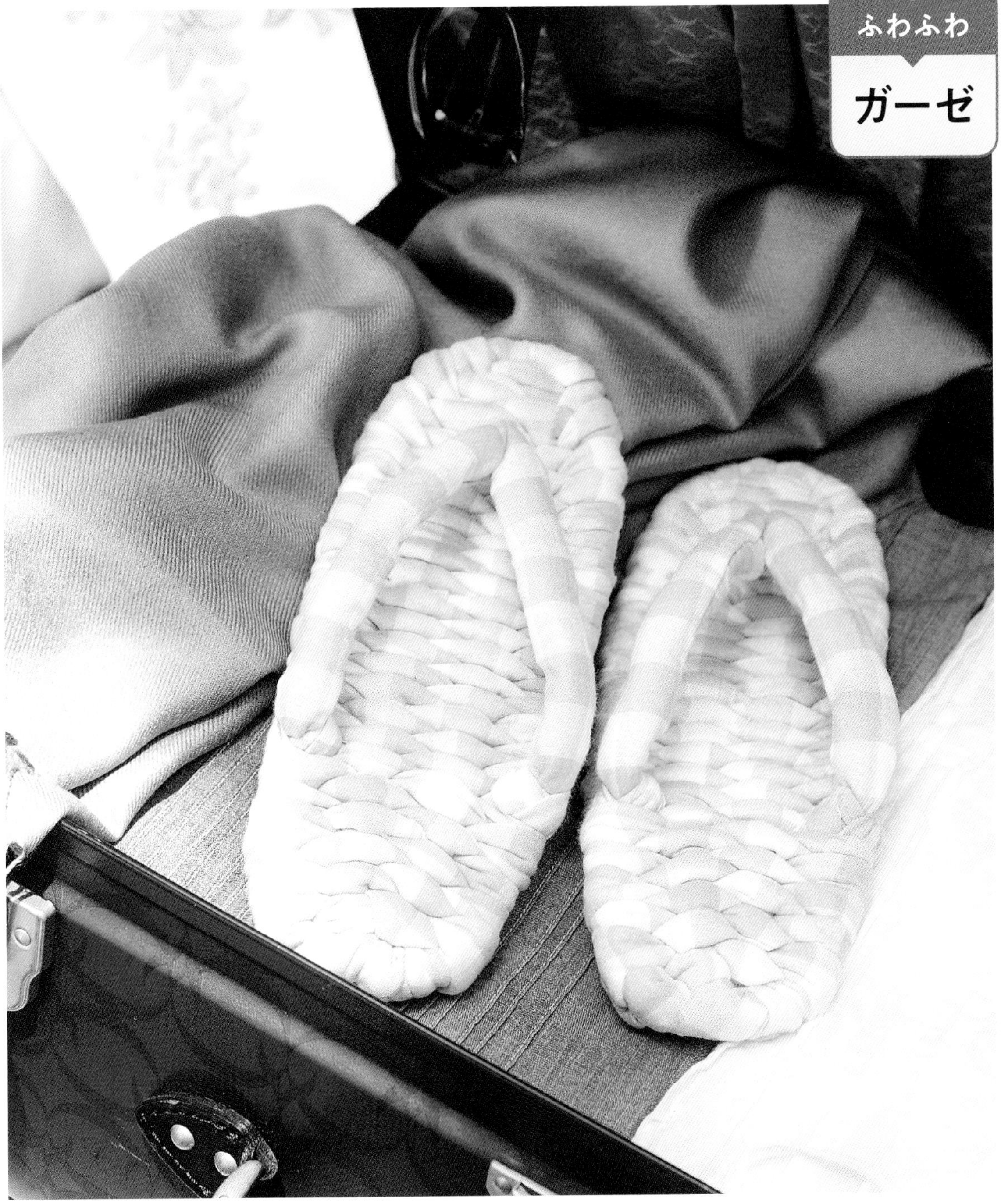

06 やわらかガーゼぞうり

23.5㎝／作り方56ページ

旅行には、マイ布ぞうりを！
ホテルや旅館の備え付けのスリッパより
断然、気分があがります！　ガーゼでやわらかく
編んでいるのでかさばりません。ご安心を。

ふかふか

フェイクファー

母娘の布ぞうりは、
鼻緒をリボンテイストで揃えました。
ママはふかふかフェイクファーで
思いきりスウィートに。

07 ピンクリボンのおしゃれぞうり

15㎝／作り方56ページ

キッズ用は適度な硬さが
あって歩きやすい鹿の子
生地で作りました。

08 ふかふかファーぞうり

23.5㎝／作り方61ページ

ふかふか感はクセになる
気持ちよさ。洗濯機で洗
うときはネット使用で。

ふかふか

フリース

09 フリースのカラフルぞうり

a18cm・b27cm・c21cm／作り方56ページ

軽くて暖かいフリースは
洗っても乾きが早いので、寒い季節は大助かり。
厚手でぽっこりした編み目なので、
形がでこぼこでも可愛いです。

しゃきしゃき

木綿

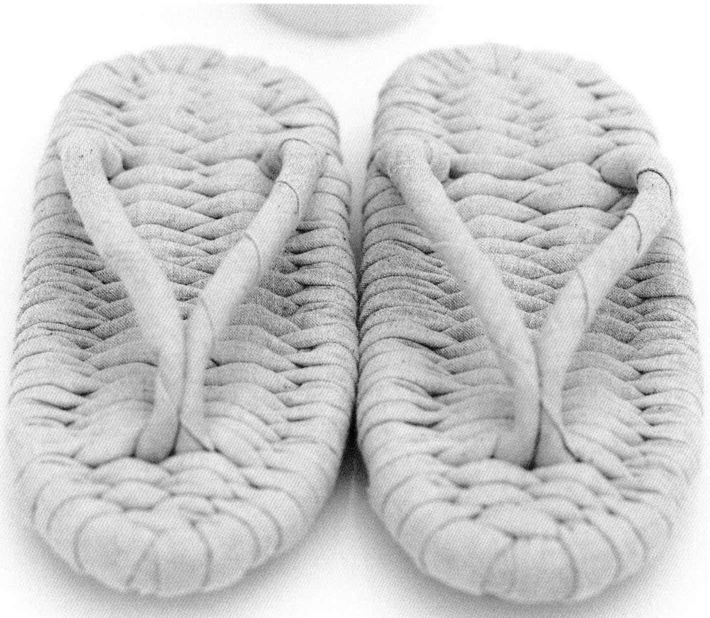

10 オリジナルV字鼻緒の布ぞうり

23.5㎝／作り方57ページ

しゃきしゃきした肌ざわりが足裏に気持ちいい
木綿の布ぞうりは、平織りのシーツの再利用。
基本の小判型&V字鼻緒タイプです。

11 パイピング鼻緒の布ぞうり

23.5㎝／作り方61ページ

布は紺と生成りの
リバーシブルの布で。鼻緒は
表と裏を2枚使って、パイピング風に。
おしゃれなアイデア、お試しあれ。

しゃきしゃき

木綿

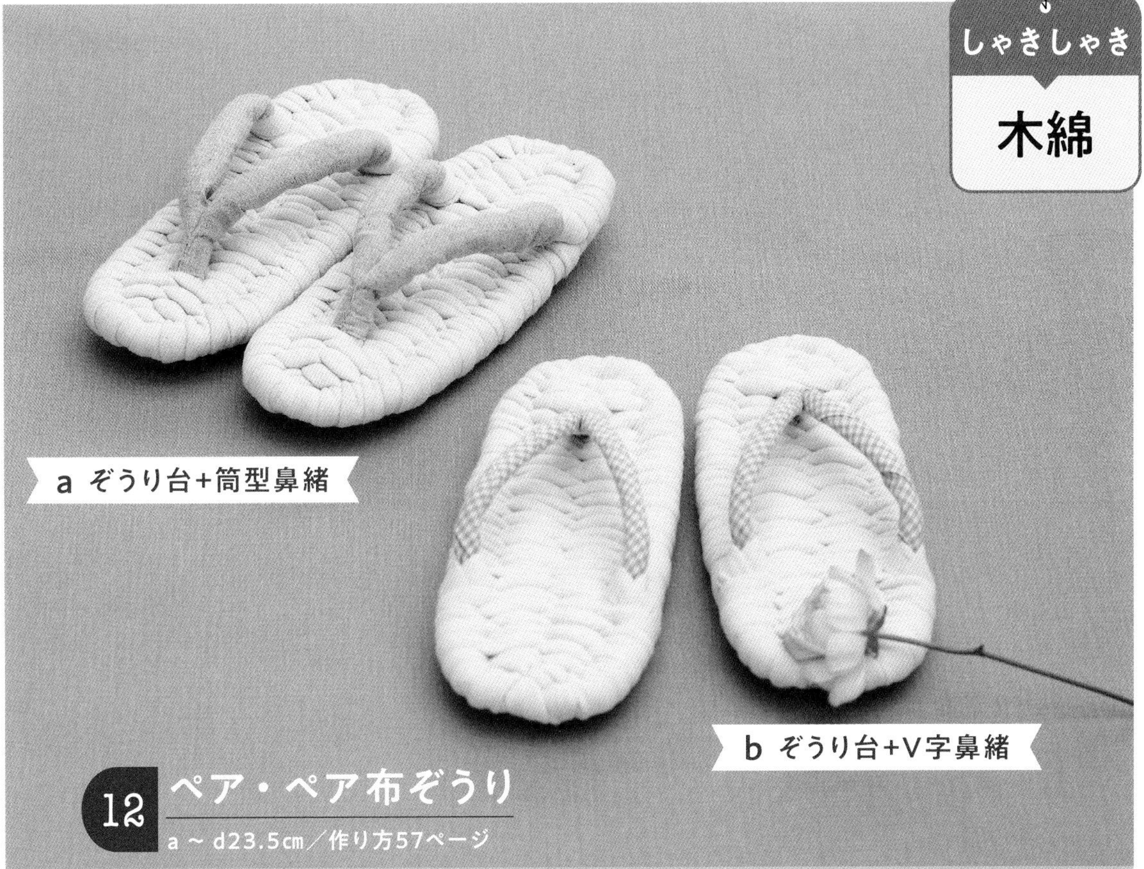

a ぞうり台+筒型鼻緒

b ぞうり台+V字鼻緒

12 ペア・ペア布ぞうり

a ~ d23.5cm／作り方57ページ

小判型のぞうり台と
細身のスリッパ台に、V字鼻緒と筒型鼻緒。
この4つを組み合わせて、
4パターンの布ぞうりが完成！

c スリッパ台+筒型鼻緒

d スリッパ台+V字鼻緒

しゃきしゃき

木綿

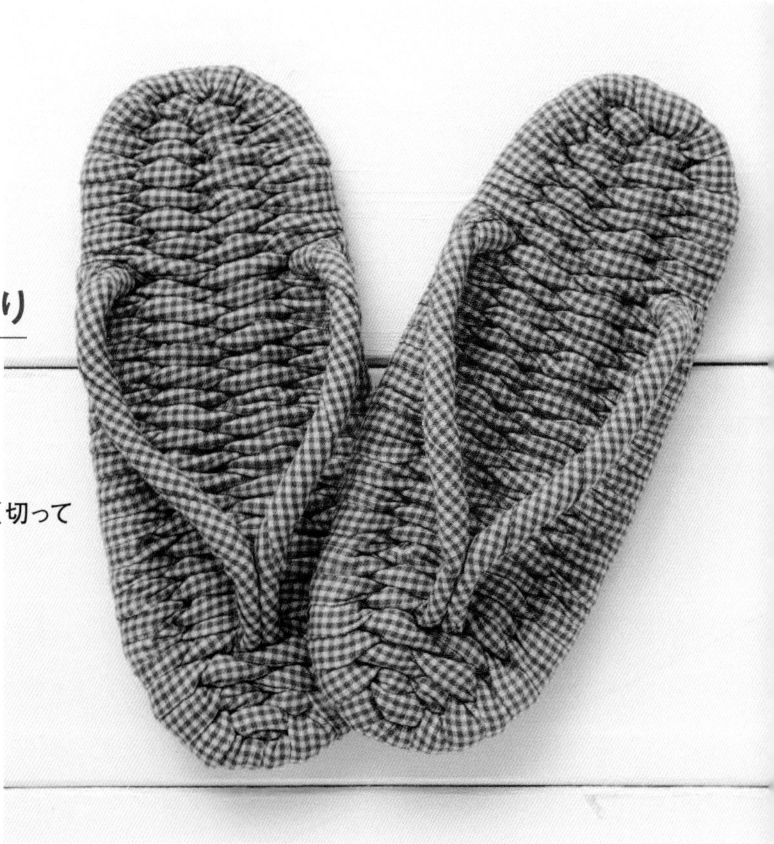

13 チェックの木綿ぞうり

23.5㎝／作り方57ページ

編みやすい木綿地は、
初心者のかたにおすすめ。
着古した男性用のシャツをざくざく切って
ポップな一足に仕上げました！

14 2色使いの木綿ぞうり

23.5㎝／作り方57ページ

お気に入りだった淡いピンクの
ブラウスに余り布を足して。
台と鼻緒のカラーコーディネートも
センスの見せどころです。

しゃきしゃき

木綿

15 スリッパ風かかと付き布ぞうり

23.5cm／作り方57ページ

おうちファッションが
エレガント系のかたには、女性らしいかかと付きで。
鼻緒も細めです。柄違いのギンガムチェックを
組み合わせて編みました。

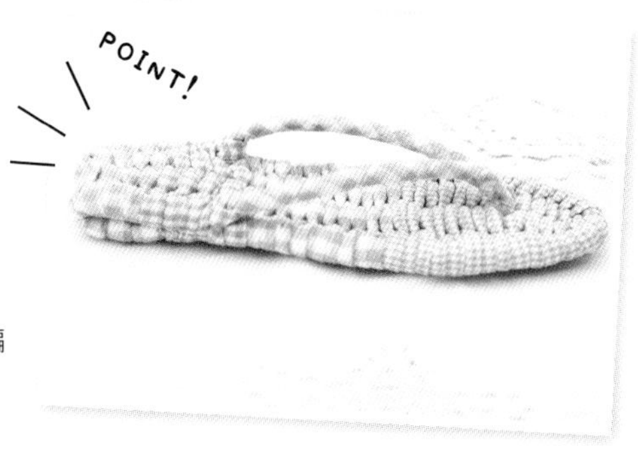

かかとは台を長めに編んで折りたたみます。

しゃきしゃき

木綿

16 おしゃれ鼻緒のお揃いぞうり

a18cm・b23.5cm／作り方60ページ

ママは3本鼻緒、
子どもはV字鼻緒にミニリボンを
あしらって、スウィートに。
母娘ともスリッパ台です。

うきうき

木綿mix

鼻緒の前緒は台の真ん中。左右が同じ形なので履き替えも OK。

シャツやトレーナーなどをミックスして元気いっぱいに一足！

17 子ども服ミックスぞうり

a・b18㎝／作り方57ページ

小さくなった子ども服は
リメイクして、今度は布ぞうりに！
ジュニアサイズなので、
あっという間に完成しちゃいます。

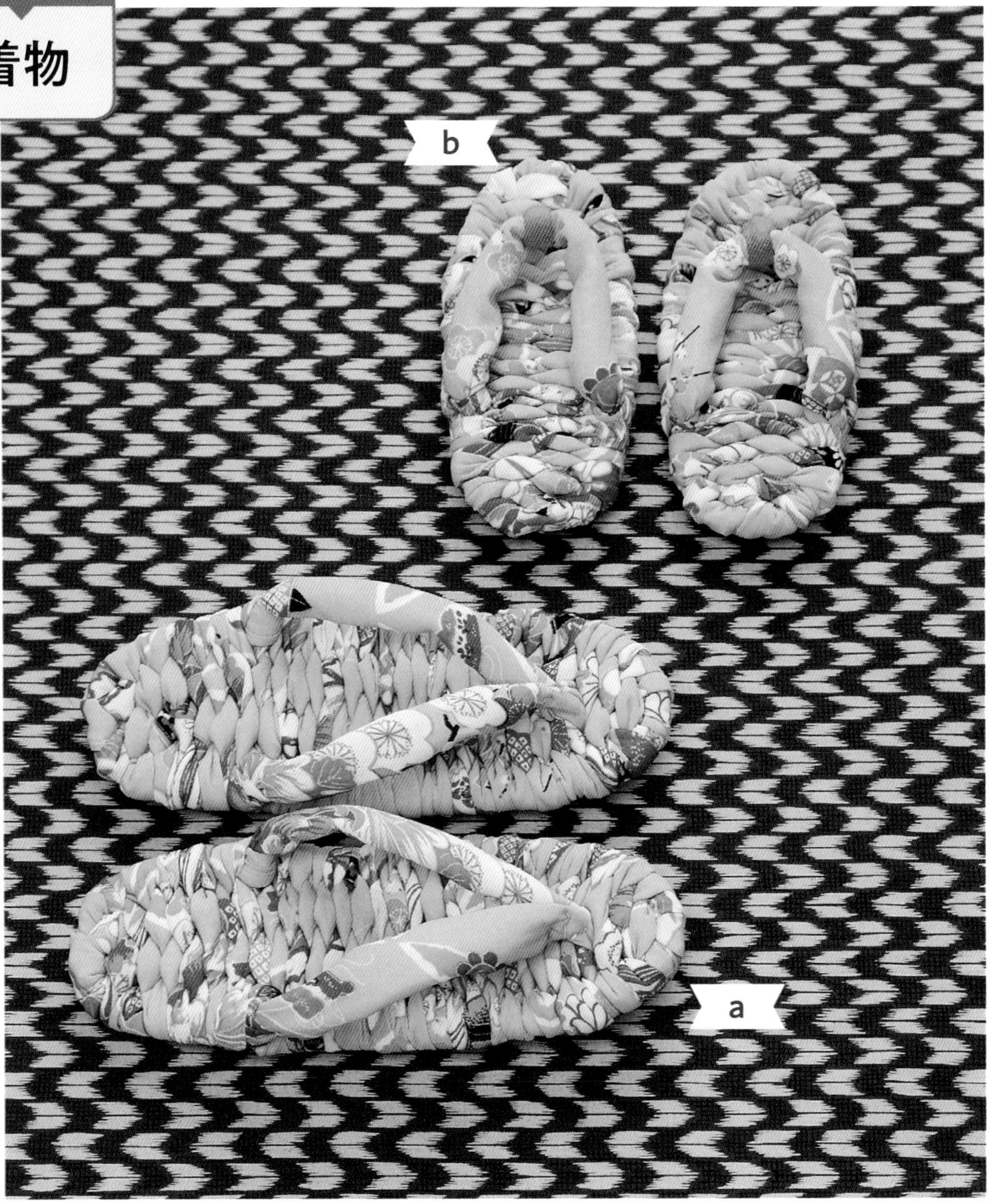

18 太鼻緒の姉妹ぞうり

a21cm・b15cm／作り方57ページ

ママが若かりし頃に着た
七五三の着物が、幼い姉妹の布ぞうりに
生まれ変わりました。
妹用は前つぼ付きで履きやすく。

19 思い出の着物ぞうり

a・b23.5cm／作り方57ページ

捨てられない思い出の着物が、
正絹の贅沢な布ぞうりに変身！　オレンジ柄は
小紋にちりめんの鼻緒。紺地のぞうりは
片方の鼻緒にギャザーを寄せて、ハイカラに。

20 親子ペアのデニムぞうり

a23.5㎝・b15㎝／作り方58ページ

オールシーズンOKのデニムは
カジュアル派のおしゃれファミリーに。
ぼこぼこした編み目の感触は
履くほどに足にしっかりなじんできます。

可愛らしい小さな小判型。キッズはママとは配色を変えて。

履き古した大人用と子ども用のデニム４本で作りました！

ぼこぼこ
デニム

21 かかと付きデニムぞうり

a27㎝ ·b18㎝／作り方58ページ

厚手の丈夫なデニムを
かかと付きにしたので、庭履きもオッケー！
汚れたら洗濯機で
ざぶざぶ洗っちゃえます。

スリッパ台なのでかかとの幅は細め。

柄が楽しめる筒型鼻緒にして花柄を見せます。

ぼこぼこ

ワッフル

22 どっしりMen'sぞうり

27㎝／作り方58ページ

布地はカラフルな
大判ランチョンマット！　長方形なので裁断も
楽ちん。ワッフル素材の硬めの履き心地も
足裏には気持ちいいのです。

POINT!

鼻緒はランチョンマットのみみを活用しました。

23 ちりめん鼻緒のぞうり

23.5cm／作り方58ページ

厚手のワッフルで
ぎゅっぎゅっとしっかり編みます。
オフホワイトの台にあざやかなちりめんが
映える色使いは世代を選びません。

しゃりしゃり

麻

24 フラワー麻ぞうり

23.5㎝／作り方58ページ

しゃりっとした風合いの麻に
デニムのはぎれで作った鼻緒をつけました。
色は麻の小花模様から1色もらった赤。
色合わせの参考にどうぞ。

しゃりしゃり

麻

鼻緒と台の残り布でリボンを作ってアクセントに。リボンの位置は指の付け根あたりがベストです。

Arrangment

25 ダイエット布ぞうり

17cm／作り方58ページ

スリッパ台のかかとを
鼻緒の後ろ緒まで折りたたんだら、
足裏を痛気持ちよく刺激する
ダイエットぞうりになっちゃいました！

折りたたむ位置は土踏まずのあたりを目安にしましょう。

布ぞうり
アレンジ

スリッパ

26 カバーで遊ぶタオルスリッパ

a27㎝・b18㎝・c 21㎝・d15㎝・e23.5㎝／作り方58 ～ 59ページ

内祝いなどでいただく上質なパイル地のバスタオルや
肉厚のハンドタオルをカバーに使って
タオル100%のスリッパが完成！

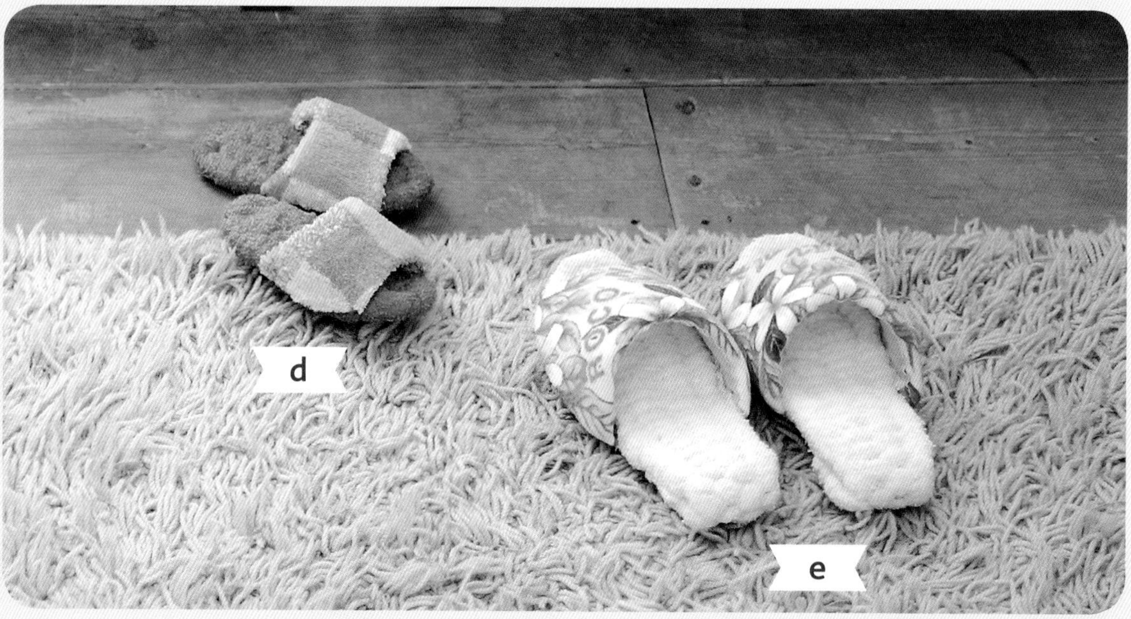

いろいろ

27 小判型ジュニアスリッパ

18㎝／作り方59ページ

18㎝のジュニア用は
足に安定感がある小判型のぞうり台で。
台は厚手のパイル、カバーは
Tシャツのお下がりです。

28 お客さまスリッパ

23.5㎝／作り方59ページ

台はジャカード、
カバーはサッカー。上品なモスグリーンで
カラーコーディネートしました。
数足セットで揃えて、お客さま用に。

布ぞうりアレンジ

キッズ用

29 Tシャツスリッパ

18㎝／作り方59ページ

小さくなったTシャツを
片っぱしから裁断して編みひもに。
長さがばらばらでも
つなげてしまえば問題なし！
カバーはアップリケで可愛らしく。

30 コットンスリッパ

15㎝／作り方59ページ

市販品では
なかなか見つからない
15cmサイズ。可愛いスリッパはお誕生日の
プレゼントにもおすすめです。

履きやすい小判型の台で。
カバーで遊べるスリッパは
布選びも楽しい！

スリッパ

いちごのアップリケは市販のアイロン・アップリケを利用。ちくちく刺しゅうでキュートに。

31 アップリケ・スリッパ

15㎝／作り方59ページ

キッズ用は
実用的で安全なストラップ付きも
おすすめ。台やカバーの幅も微調整して
本人サイズに作ってあげましょう！

布ぞうり
アレンジ

ネクタイ・リメイク

32 シルクのゲストスリッパ

a27cm・b、c23.5cm／作り方59ページ

お役御免のネクタイが
個性的なシルクのスリッパに大変身！
ネクタイ8本が1足分の目安です。
色のトーンを揃えるときれいな仕上がりに。

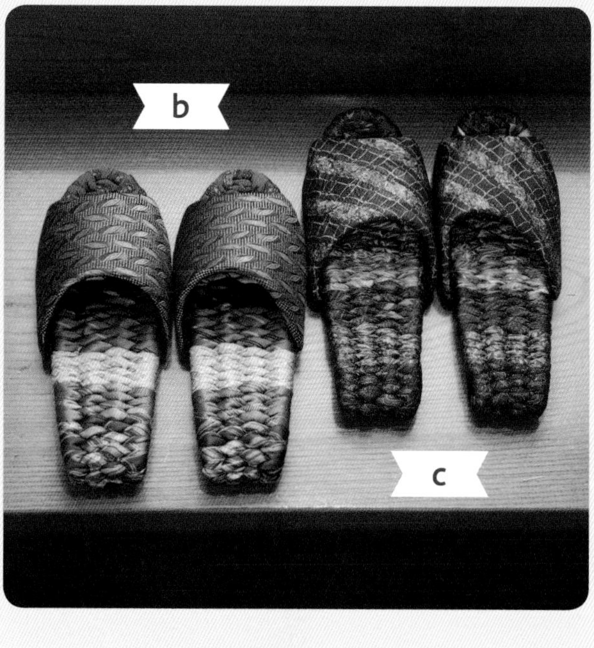

滑り止めに木綿の
編みひもをミックス
します。

布ぞうり
アレンジ

着物・リメイク

33 思い出の和柄スリッパ

a、b、d23.5cm・c27cm／作り方59ページ

思い出のたんすの肥やしが、毎日履く布ぞうりに変身！

小紋、ウール、銘仙、浴衣、etc.。どんな着物でも編めます。

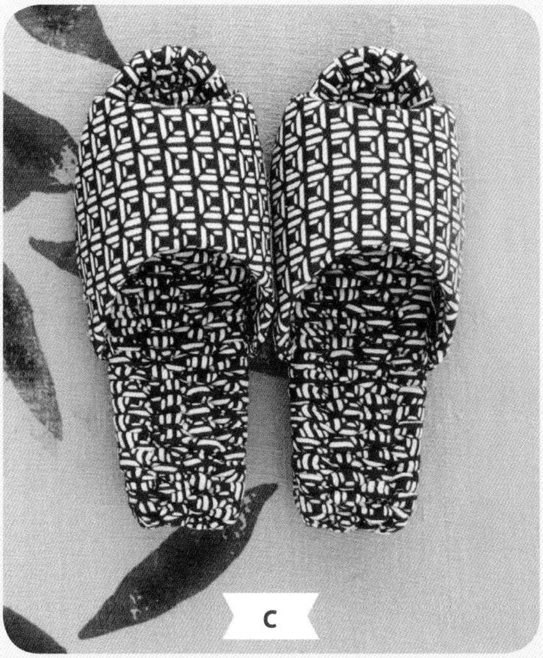

小石正子流 材料から基本の編み方まで！

布ぞうり基本レッスン

マサコ流 基本の布ぞうり

V字鼻緒で履きやすさバツグン！

鼻緒の中心を台の底に押しこんでV字の形を作ります。台と一体化しているので、とても丈夫で足にフィット。洗濯にも強く、型くずれしません。

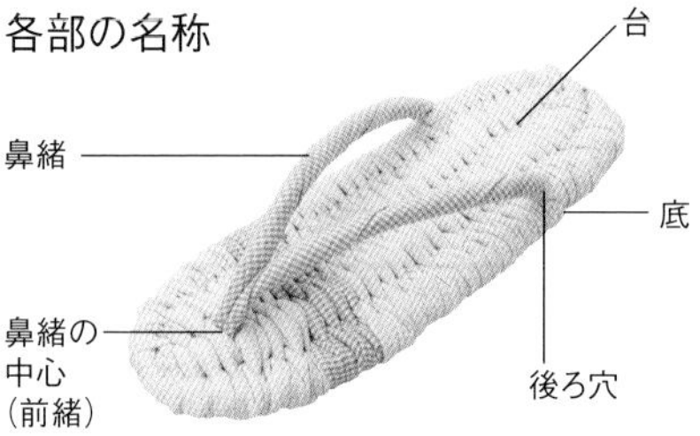

スリッパも作れます！

基本の布ぞうりのアレンジ。台を折りたたんだかかと付き。

基本の材料と用具

布はなんでもOK。用具も特別なものはなく家にあるもので作れます。

❶編みひも・鼻緒用の表布　❷PPロープ・台と鼻緒、前つぼの芯用　❸ウレタン・幅広鼻緒とスリッパカバーの芯に使用　❹編みひも用の芯布

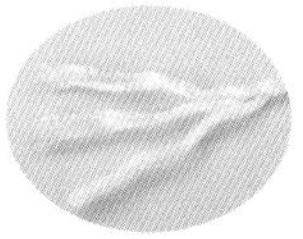

PPロープについて

よりをほどく工程があるので糊付けなしのものが便利。本書では大人用は直径8mm、子ども用は直径6mmを使用。

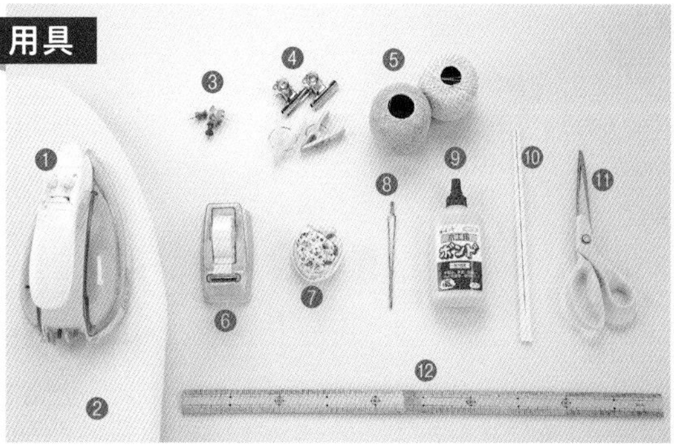

❶アイロン　❷アイロン台・布をプッシュピンで刺して作業台としても使用　❸プッシュピン　❹クリップ＆洗濯ばさみ　❺レース糸・とじ糸用　❻セロハンテープ　❼縫い針＆マチ針　❽ゴム通し・長いものが便利　❾木工用ボンド　❿わりばし・編み目を広げるときに使用　⓫ハサミ　⓬ものさし

マサコ流 あると便利なオリジナル道具

布ぞうりを編む楽しさはそのまま、効率よく作れるお役立ちの小道具です。

幅出し

編み目の幅がきれいに揃います。幅広サイズも楽々！

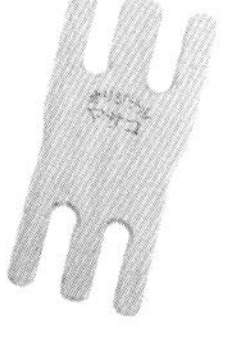

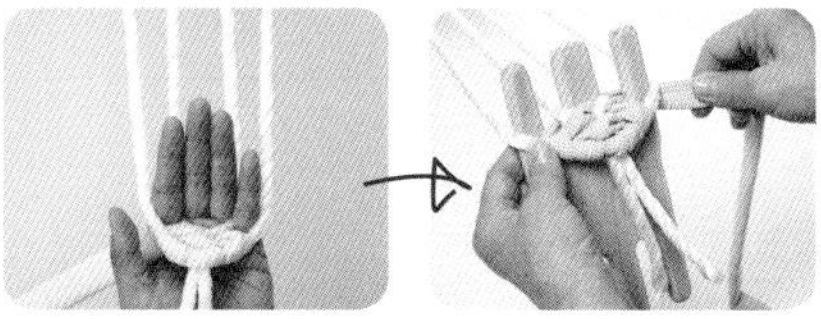

竹べら

編み目を広げてPPロープを通す作業が、この１本でOK！

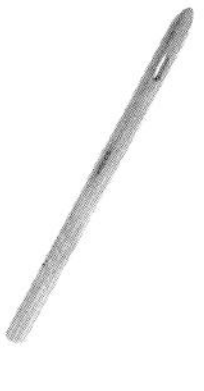

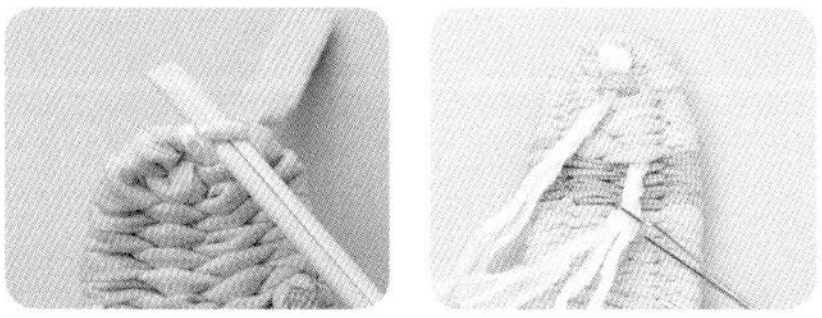

5サイズ別 材料一覧表

**布ぞうりとスリッパ１足分に必要な材料です。編みひもの必要枚数は通常の木綿を目安に割り出しています。
タオルなど厚手の布を使用する場合は、各サイズとも枚数を減らして調整してください。**

◆布ぞうり／布

数字の単位はcm

	編みひも・表布	V字鼻緒・布	筒型鼻緒・布	幅広鼻緒・布	前つぼ・布
27cm	7 × 100 × 16 枚	7 × 60 × 2 枚	7 × 60 × 2 枚	7 × 50 × 4 枚	4 × 30 × 2 枚
23.5cm	7 × 100 × 14 枚	7 × 60 × 2 枚	7 × 60 × 2 枚	7 × 46 × 4 枚	4 × 30 × 2 枚
21cm	6 × 100 × 12 枚	6 × 50 × 2 枚	6 × 50 × 2 枚	6 × 43 × 4 枚	4 × 25 × 2 枚
18cm	6 × 100 × 10 枚	6 × 50 × 2 枚	6 × 50 × 2 枚	6 × 39 × 4 枚	3 × 25 × 2 枚
15cm	6 × 100 × 8 枚	6 × 40 × 2 枚	6 × 40 × 2 枚	6 × 35 × 4 枚	3 × 25 × 2 枚

◆布ぞうり／ PPロープ

	編みひも	V字鼻緒	筒型鼻緒	幅広鼻緒	前つぼ
27cm	200 × 2 本	60 × 2 本	60 × 4 本	60 × 1 本	30 × 1 本
23.5cm	200 × 2 本	60 × 2 本	60 × 4 本	60 × 1 本	30 × 1 本
21cm	180 × 2 本	50 × 2 本	50 × 4 本	50 × 1 本	25 × 1 本
18cm	150 × 2 本	50 × 2 本	50 × 4 本	50 × 1 本	25 × 1 本
15cm	150 × 2 本	40 × 2 本	40 × 4 本	40 × 1 本	25 × 1 本

直径8mm：27cm、23.5cm　直径6mm：21cm、18cm、15cm

◆スリッパ／布　PPロープ

	編みひも・表布	カバー・表布	カバー・裏布	PP ロープ・台
27cm	7 × 100 × 16 枚	19 × 22 × 2 枚	18 × 22 × 2 枚	200 × 2 本
23.5cm	7 × 100 × 14 枚	17 × 22 × 2 枚	16 × 22 × 2 枚	200 × 2 本
21cm	6 × 100 × 12 枚	15 × 21 × 2 枚	14 × 21 × 2 枚	180 × 2 本
18cm	6 × 100 × 10 枚	14 × 20 × 2 枚	13 × 20 × 2 枚	150 × 2 本
15cm	6 × 100 × 8 枚	13 × 19 × 2 枚	12 × 19 × 2 枚	150 × 2 本

直径8mm：27cm、23.5cm　直径6mm：21cm、18cm、15cm

◆ウレタン（鼻緒&スリッパカバー用）

	幅広鼻緒・芯	カバー・芯
27cm	5 × 22 × 4 枚	14 × 18 × 2 枚
23.5cm	4 × 20 × 4 枚	12 × 18 × 2 枚
21cm	3.5 × 18.5 × 4 枚	10 × 17 × 2 枚
18cm	3 × 16.5 × 4 枚	9 × 16 × 2 枚
15cm	2.5 × 14.5 × 4 枚	8 × 15 × 2 枚

2mm厚:幅広鼻緒、5mm厚:カバー

Step 1 編みひもと鼻緒の布をカット

お好みの布を編みひも用の表布と鼻緒用の布にカットします。
本書では作りやすいように、編みひもの長さは１本100cmに統一していますが、
編みひもの長さの合計が必要分であれば、１本ごとの長さがばらばらでもOKです。

基本の編みひもとV字鼻緒の表布

各サイズ別に布ぞうり１足分に必要な編みひもと鼻緒の表布のサイズと枚数を紹介します。

大人

27cm サイズ

編みひも・1足分
7cm×100cm×16枚
鼻緒・1足分
7cm×60cm×2枚

23.5cm サイズ

編みひも・1足分
7cm×100cm×14枚
鼻緒・1足分
7cm×60cm×2枚

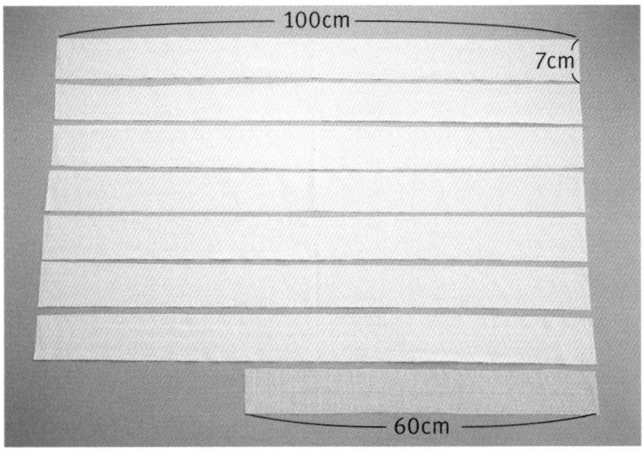

ジュニア

21cm サイズ

編みひも・1足分
6cm×100cm×12枚
鼻緒・1足分
6cm×50cm×2枚

18cm サイズ

編みひも・1足分
6cm×100cm×10枚
鼻緒・1足分
6cm×50cm×2枚

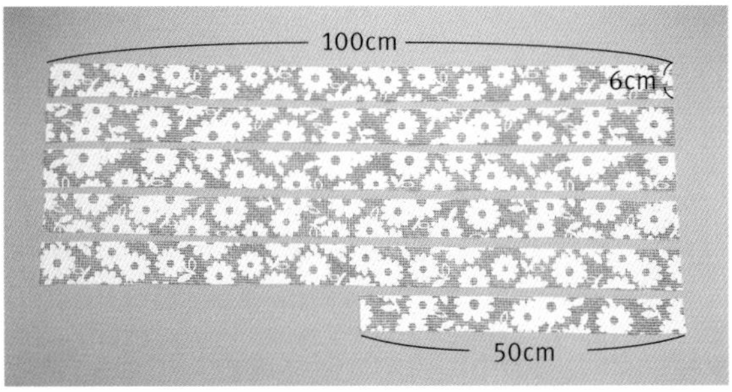

キッズ

15cm サイズ

編みひも・1足分
6cm×100cm×8枚
鼻緒・1足分
6cm×40cm×2枚

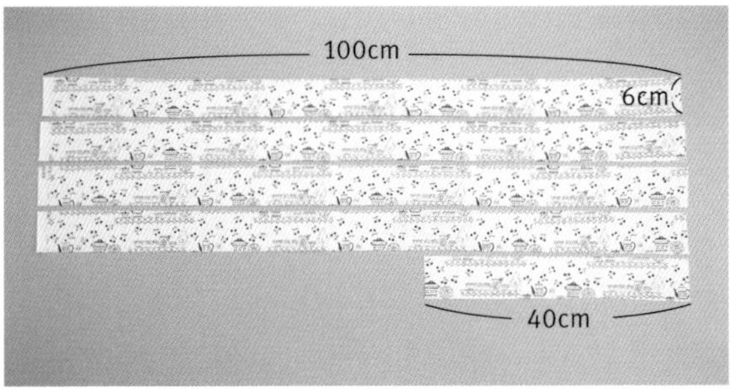

芯用の布

表布が厚手のもの（タオル、デニムなど）以外は、表布と同サイズの芯用の布も用意しましょう。芯を入れることでしっかりした台が編めます。芯用の布は使い古しのシーツやストッキングなど、薄手のものならなんでもOKです。

Step 2-1

5サイズ共通！

編みひもを作る（23.5cmサイズ）※作り方は各サイズ共通

編みひもは芯用の布を入れて、木工用ボンドで接着します。編みひもに適度なコシを持たせることで形よく、丈夫でしっかりした履き心地の布ぞうりが編みあがります。30cm 程度に区切って作業するのが率よく、おすすめです。

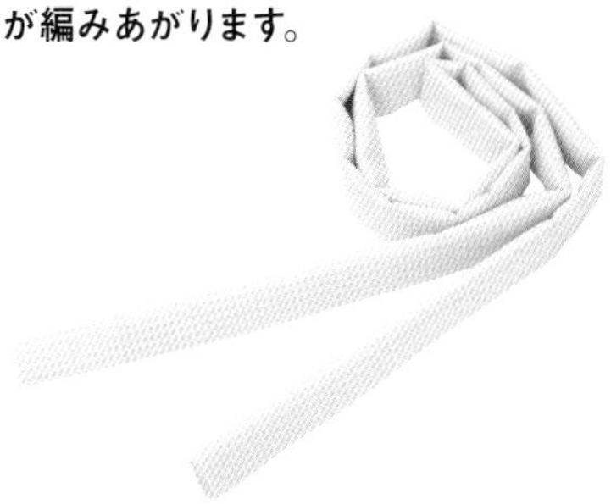

材料

表布・7cm×100cm×14枚、
芯布・7cm×100cm×14枚
※芯布のサイズは目安です。幅は表布の厚さに合わせて適宜調節してください。

作り方

芯布を表布でくるみ、二つ折りしてボンドで接着する。
※ボンドで接着する部分はミシン縫いでもOKです。

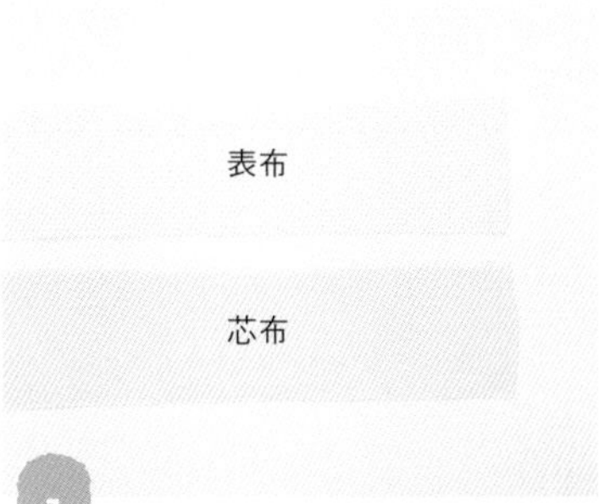

1 アイロン台の上に表布と芯布を用意する。

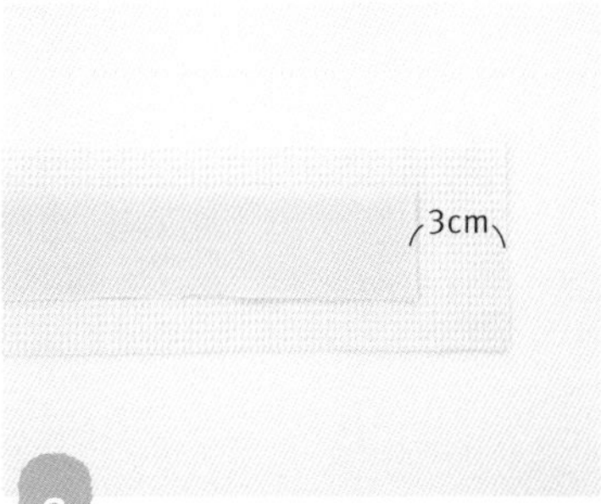

2 芯布を二つ折りにして、表布の端から3cmほど離して中央に置く。

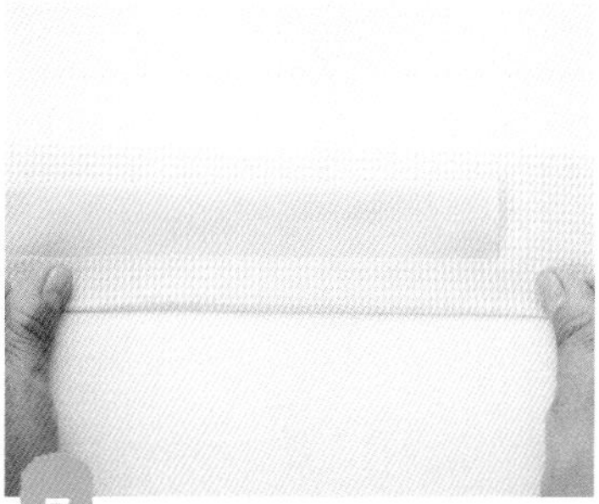

3 芯布の下辺に合わせて表布の下辺を折る（爪で軽く折り目に跡をつけるように折る）。

上辺も③と同じように折る。30cm程度に区切って作業するとやりやすい。

4

厚手の布は芯布は不要。上辺と下辺を写真のように折る。

5 下辺の折り目の少し上に約5cm間隔でボンドを点状につける。

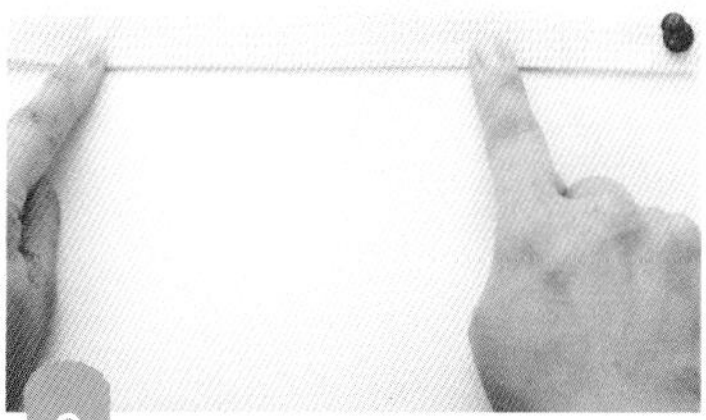

6 上辺を折り、下辺に接着する。布端をプッシュピンで固定し、指でしっかり押さえる。

7 ⑤、⑥の作業を布の端までくり返す。

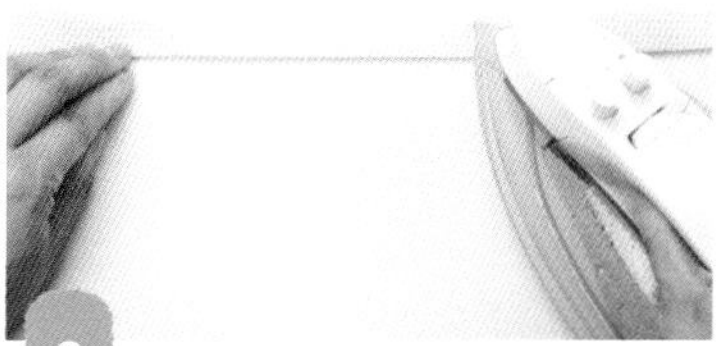

8 アイロンでボンドを定着させて完成。残りの13枚も同様に作る。

ミシン縫いでもOK!

ボンドで接着するかわりにミシンで縫ってもOK。

Step 2-2

基本型・V字鼻緒タイプ
鼻緒を作る（23.5cmサイズ）

※作り方は各サイズ共通

直径 8mm の PP ロープを芯にして、鼻緒用の布でくるんで作る細めの鼻緒です。足がきゃしゃな人やジュニア、キッズの場合は、PP ロープは直径 6mm のものを選んでください。編みひも同様、30cm 程度に区切って作業しましょう。

材料

布・7cm×60cm×2枚、PPロープ（8mm）60cm×2本

作り方

PPロープを布でくるみ、ボンドで接着する。
※アイロン台の上で作業するとプッシュピンが刺せるので便利。

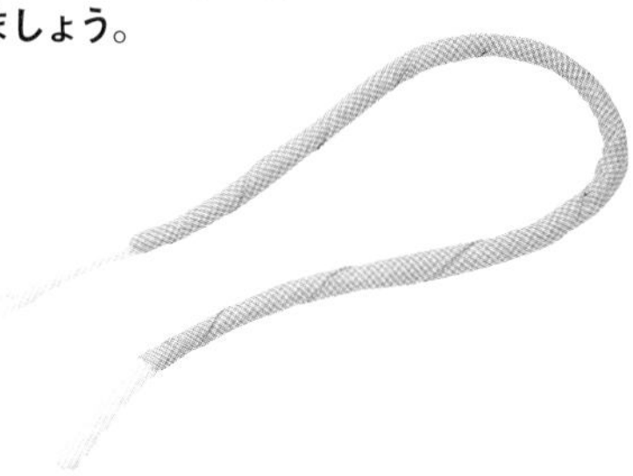

1 布とPPロープ（以下ロープ）を用意する。

2 上辺にボンドをつけて折り返し、布端をプッシュピン（以下ピン）で固定する。

3 上辺の折り目の少し下にボンドを線状に約30cmつける。

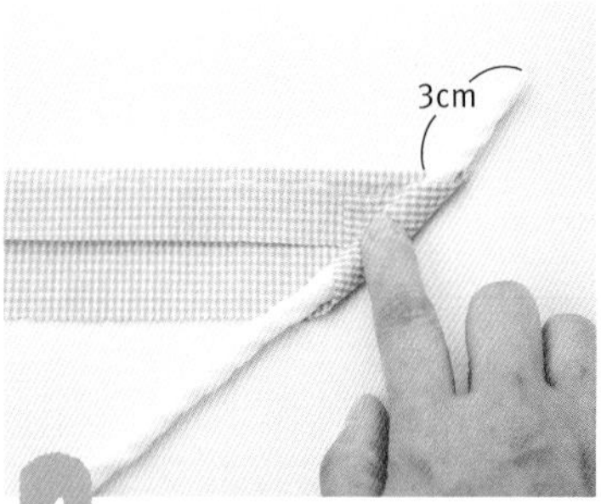

4 プッシュピンを外して布の上にロープを約45度の角度で置き、布端を折る。

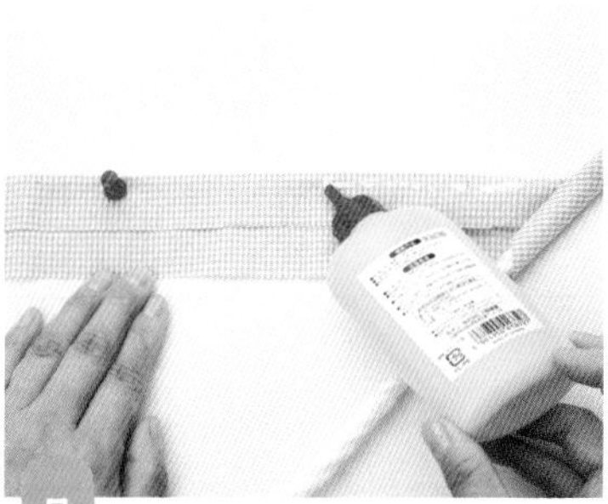

5 布をピンで固定し布とロープを巻いていく。約30cmずつボンドをつけて布端まで巻く。

6 巻き終わった状態。左右のロープの出方を確認する。

7 布を引っぱって左右のロープの出方を揃える。

8 ロープにはボンドがついていないので布を引っぱるだけで簡単に調整できる。

アレンジ 1

筒型鼻緒タイプ（23.5cmサイズ）

※作り方は各サイズ共通

PPロープのよりをほどいて、芯をふんわりさせて作ります。

材料

布・7cm×60cm×2枚、
PPロープ（8mm）・60cm×4本

［各サイズの材料］
P35参照。

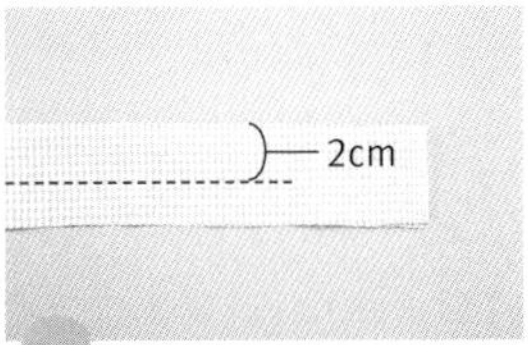

1 布を中表にして、両端を5cm残してぐし縫いする。表に返す。

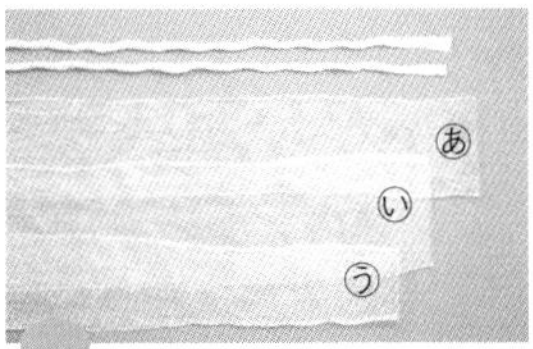

2 PPロープ2本のよりをほどいて5本分を芯にする。3本は広げる。

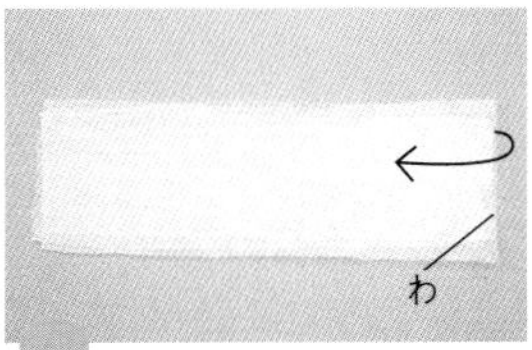

3 ②で広げたあといを重ねて横に2等分に折る。

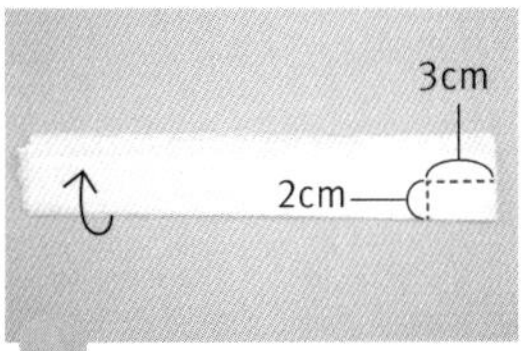

4 ③を縦に2等分に折り、わの部分を点線のようにカットする。

5 ④を広げた状態。中央に縦4cm、横6cmの切り抜きができる。

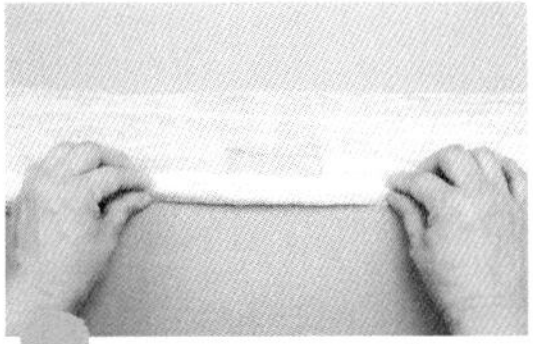

6 ②のうの上に⑤を重ね、②のPPロープ芯2本をのせて巻く。

7 両端をセロハンテープでとめる。鼻緒の芯が完成。①に入れる。

8 ①を表に返し⑦の芯を入れる。残りの布とPPロープも同様に作る。

アレンジ 2

幅広鼻緒タイプ（23.5cmサイズ）

※作り方は各サイズ共通

ウレタンとPPロープを芯に入れて鼻緒にハリを持たせます。

材料

布・7cm×46cm×4枚、
ウレタン・4cm×20cm×4枚、
PPロープ（8mm）・60cm×1本
※PPロープはよりをほどいて2本にし、芯にする。

［各サイズの材料］
P35参照。

1 布、型紙にカットしたウレタン、布用型紙、PPロープ芯を用意。

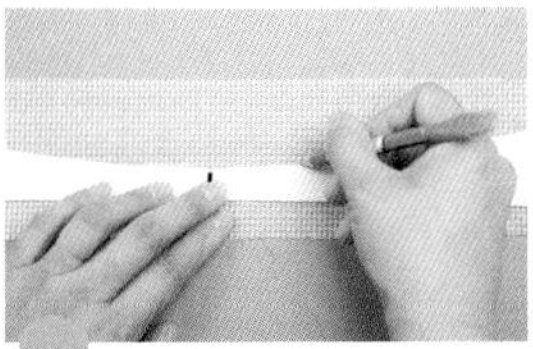

2 布を裏にして型紙を置き、型をとる。中心線、縫い線も写す。

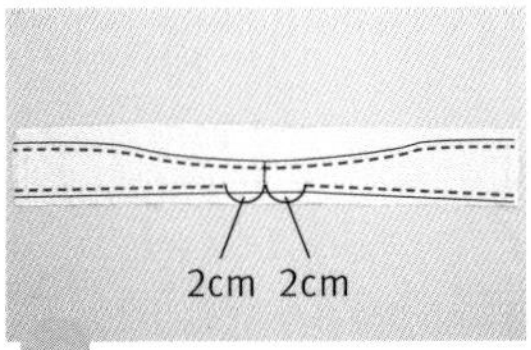

3 布2枚を中表にして点線の通りにぐし縫いする。

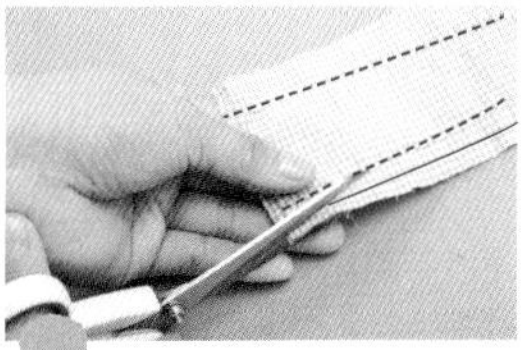

4 型紙の線を上下ともにカットする。

5 ④を表に返し、両端からウレタンを挿しこんだ状態。

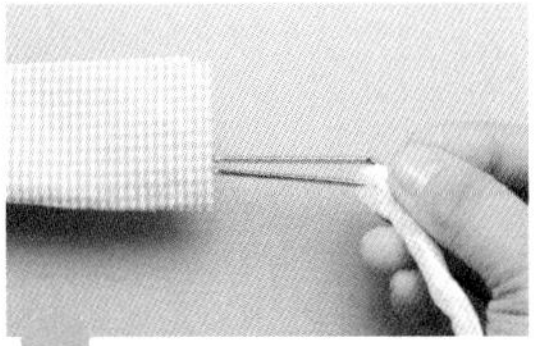

6 PPロープ芯をゴム通しなどで⑤に通す。

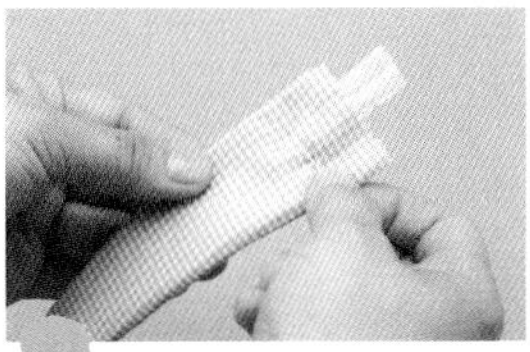

7 ウレタン、PPロープ芯がずれないように両端をざっくり縫う。

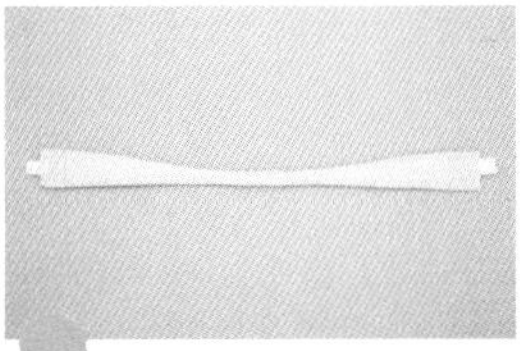

8 PPロープ芯を通したことで鼻緒にハリが出る。

お気に入りの布や古着を編みひもや鼻緒にリメイク！

着なくなった洋服や着物、使い古しのタオル類やネクタイまで、
ほどいて裁断すれば編みひもや鼻緒用の布に使えます！

シャツをリメイク

ブラウス、Yシャツ、トレーナー、ボタンダウンシャツ、ポロシャツ、パジャマ、Tシャツなどシャツ全般

縫い目は糸をほどくのではなく切り落とすのでとっても簡単。衿、カフス、ボタンも同様にカットします。

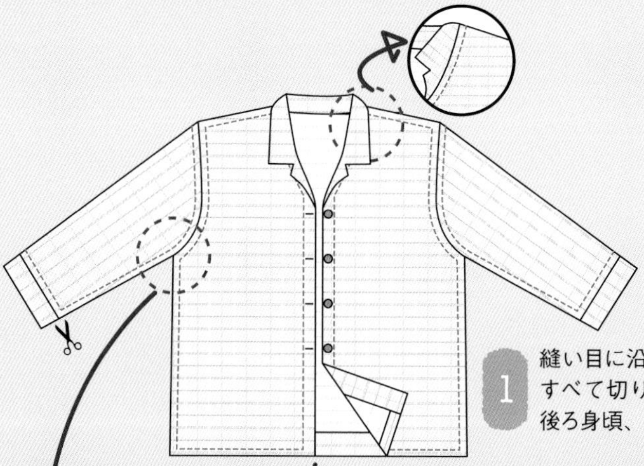

1 縫い目に沿って縫い目部分をすべて切り落とし、前身頃、後ろ身頃、袖にばらす。

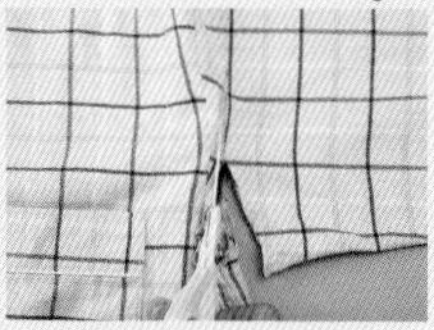

左右の袖を切り離す

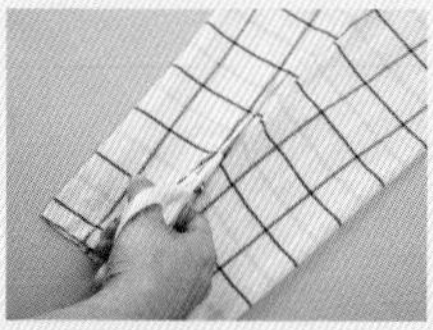

袖の縫い目をカット

袖をカットした状態。ボタンは前立てごと切り落とす

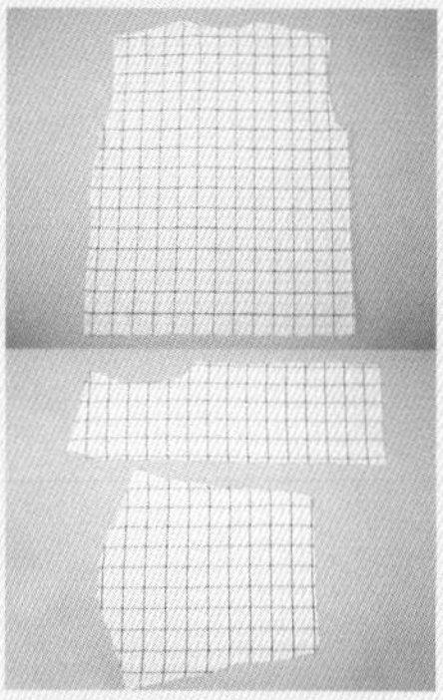

後ろ身頃、前身頃×2、袖×2の布地が完成

2 幅7cm、長さは布に合わせて裁断ラインを引く。

[例]

前見頃2枚　後ろ見頃　袖2枚

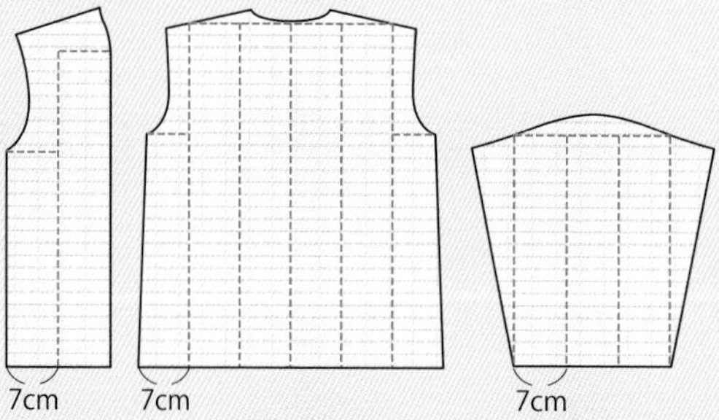

3 布をカットする。

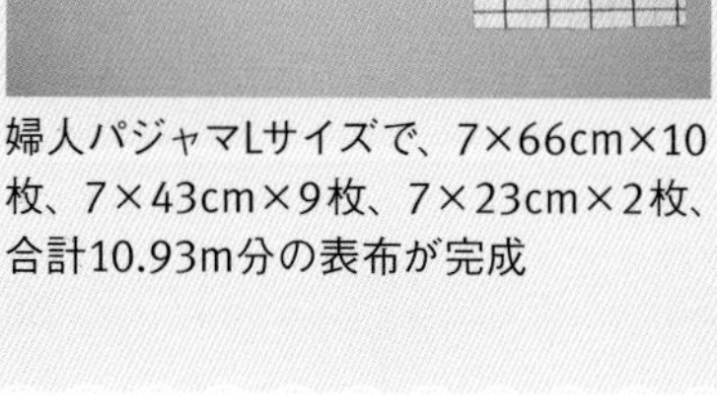

婦人パジャマLサイズで、7×66cm×10枚、7×43cm×9枚、7×23cm×2枚、合計10.93m分の表布が完成

ズボンをリメイク

スラックス、デニム、チノパン、コットンパンツ、パジャマなどズボン全般

編みひもの幅は、一番細い裾の部分で6cm以上の幅がより多くとれる本数を割り出して決定します。

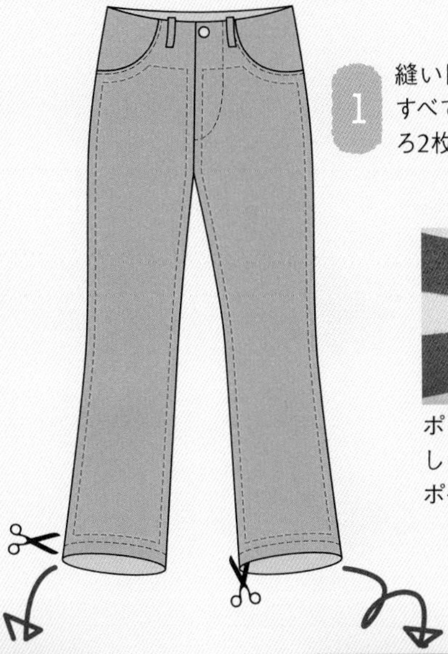

1 縫い目に沿って縫い目部分をすべて切り落とし、前2枚、後ろ2枚にばらす。

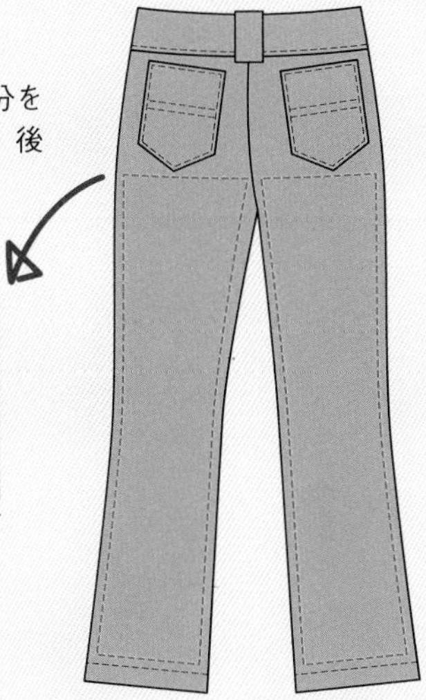

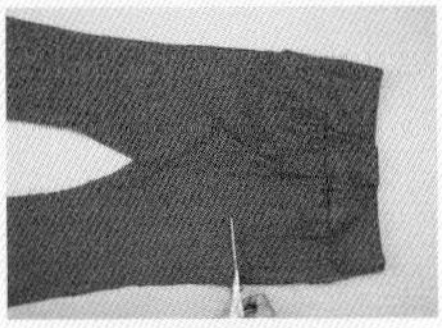

ポケットの縫い付けがしっかりしているものはポケットの下でカット

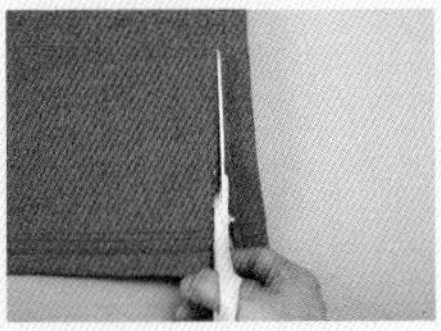

裾の折り返しをカット

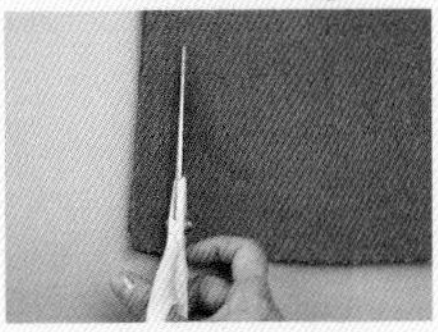

脇と股下の縫い目をカット

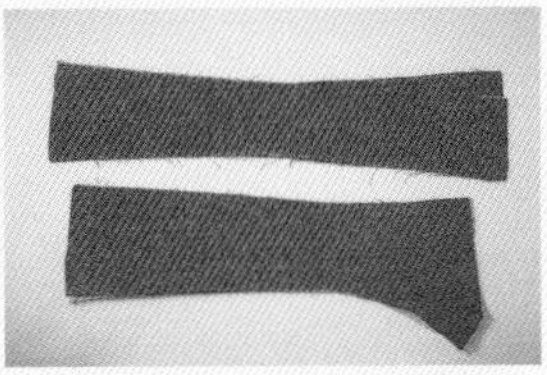

ポケットやファスナー、ウエスト部分をカットした状態

2 裾幅の一番細いところに合わせて6～7cmを目安に幅を決め、裁断ラインを引く。

[例]

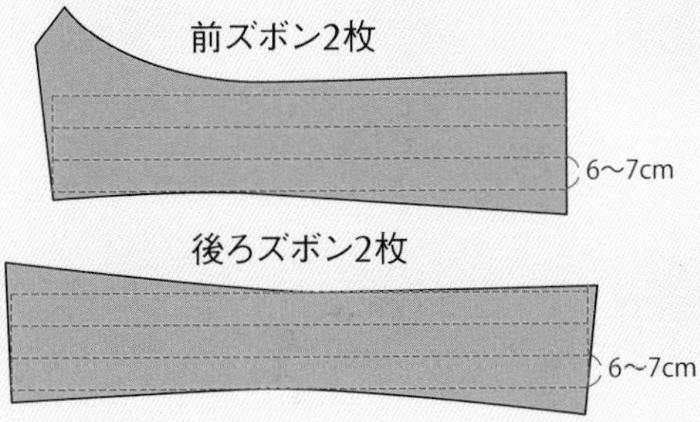

3 布をカットする。

婦人デニムMサイズで、7×91cm×4枚、7×78cm×4枚、合計6.76m分の表布が完成

ネクタイをリメイク

ワイドタイ、レギュラータイ、スリムタイ、カットタイなど棒ネクタイ全般

ネクタイの長さと幅はさまざまですが、1本から婦人用布ぞうりの編みひも2枚を仕立てることができます。

1 タグをはずして縫い目の糸を引っぱって抜き、裏地の大剣や小剣、芯地を切り取る。

ネクタイを開き、表布以外の付属物はすべて切り取る

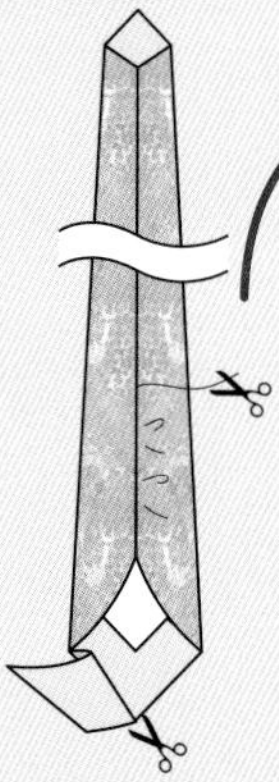

縫い目の糸を抜く

クリップで固定して引っぱり気味にアイロンをかけると、バイアスが伸びて平らな布になる

2 幅が6cm以下になる部分を斜めにカットして2枚にする。

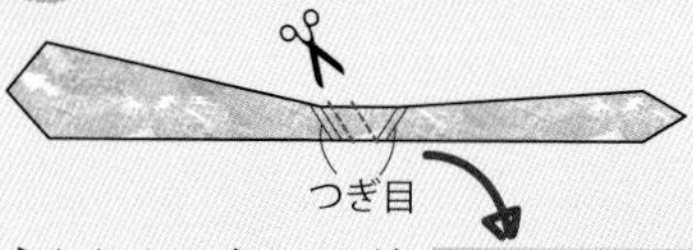

ネクタイはバイアス地の特性を生かすため、斜めにカット

3 カットした2枚をボンドで貼り合わせ、裁断ラインを引く。

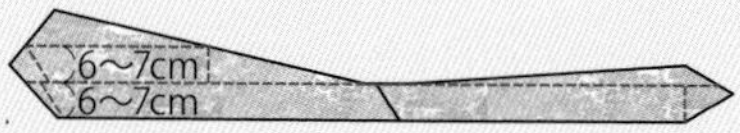

4 布をカット。2枚を貼り合わせ、長すぎると編みづらいので1.5mを超える布は2等分に切る。

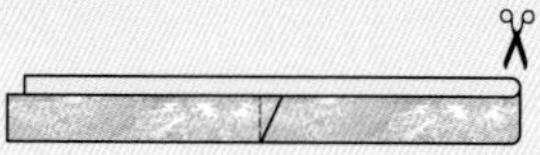

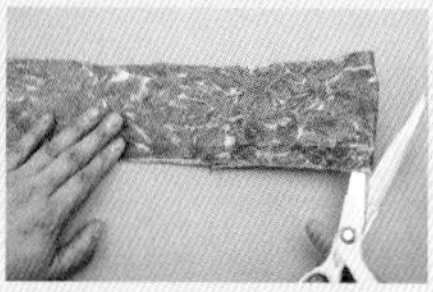

5 7×85cm×2枚の表布が完成。

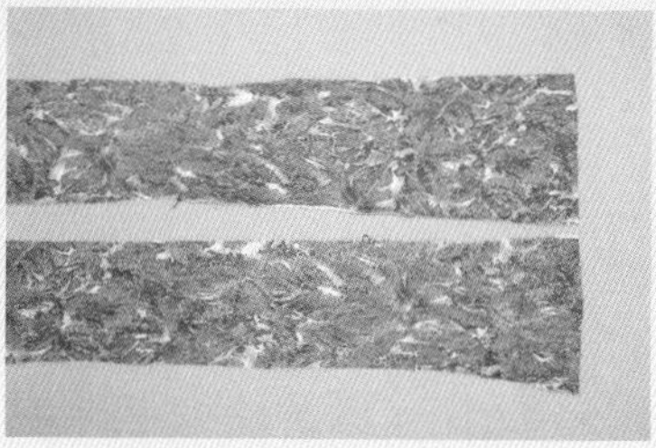

およそネクタイ8本分で23.5cmの布ぞうりやスリッパを作ることができる

フェイスタオルをリメイク

タオルの切り口を中に折り込むので糸くずも散らばりません。
一般的なサイズのフェイスタオル2枚で片足分の編みひもと鼻緒がとれます。

1 タオルを二つ折りにする。5等分にして裁断ラインを引き、カット。

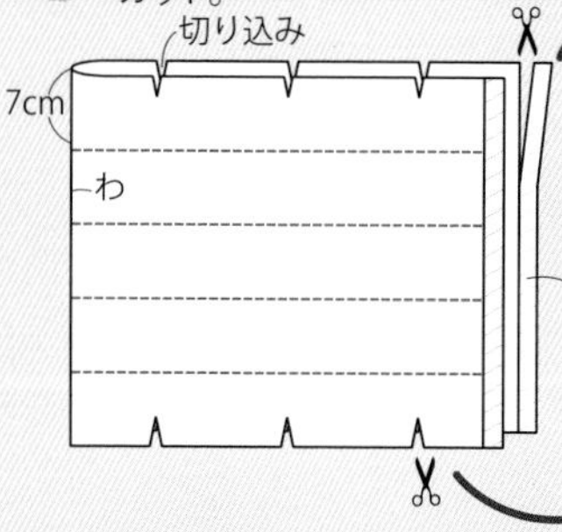

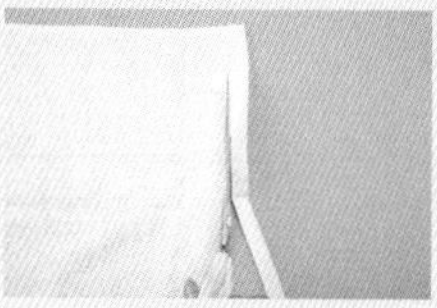

太いみみは切り落とす

上下のみみに切り込みを入れる

2 タオル2枚で10枚の表布が完成。鼻緒用として1枚を60cmにカット。

①でカットした太いみみは前つぼに、鼻緒用にカットした布の切れ端は底の始末用のハギレに活用してもOK

着物をリメイク

小紋、色無地、紬、浴衣、振袖、木綿、ウール、羽織、銘仙、絣などきもの全般

縫い目をカットするのではなく糸を切り、身頃、袖、衿、衽をほどいて使います。
着物1枚でだいたい20m前後の編みひもがとれます。

身丈155cmの着物の場合

1 縫い目に沿って糸を切り、袖、身頃、衿、衽にほどく。
袷の場合は胴裏も同様にほどく。

2 幅7cm、長さは布の長さに合わせて布に線を引き、カットする。

袖×2枚

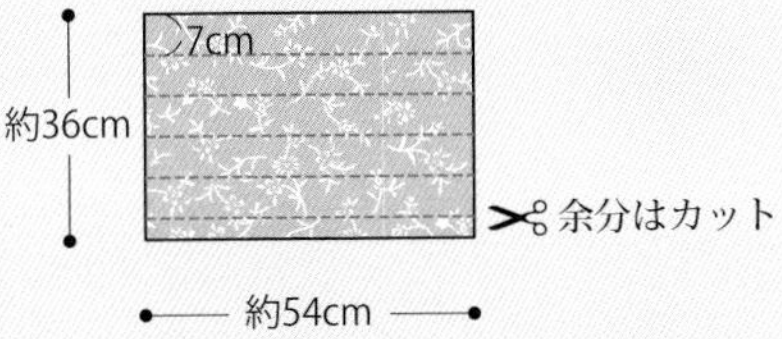

身頃右・左×各1枚

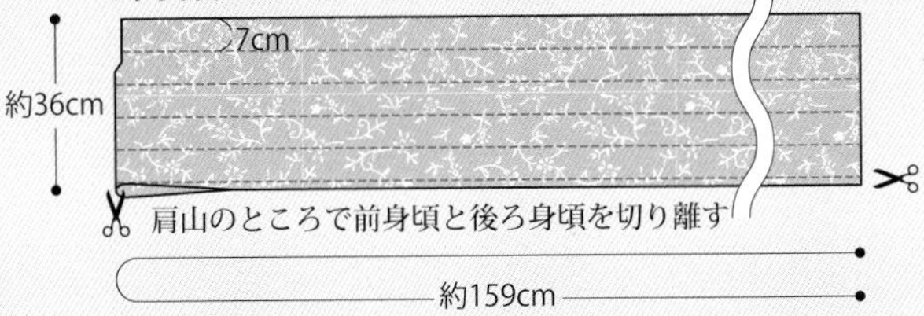

衿

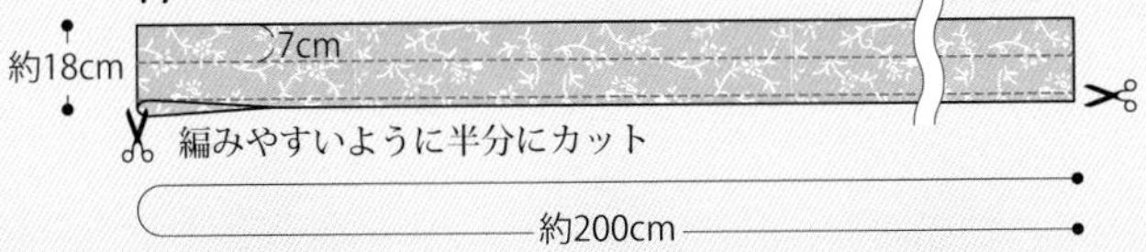

掛け衿

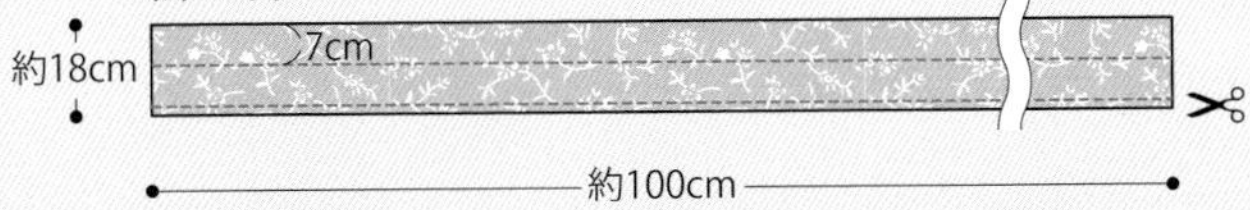

衽×2枚

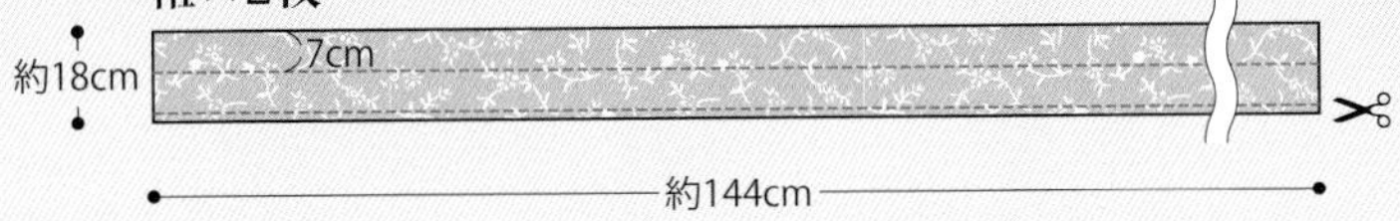

Step 3

5サイズ共通！

基本のぞうりを編む（23.5cmサイズ）

※作り方は各サイズ共通

編みひもを指にかけたら、指を抜いてぎゅっと引っぱる。
これをくり返して型紙に合わせて形を整えながら編んでいきます。

材料

編みひも14本、鼻緒60cm×2本、PPロープ(8mm) 200cm×2本、ハギレ少々
※編みひもと鼻緒はP37～38の手順で仕立てておく。

作り方

編みひもをセットする➡つま先から編み始める➡編みひもを足す➡鼻緒をつける➡かかとを処理する➡鼻緒を仕上げる➡底を仕上げる

[各サイズの材料] ※ハギレは共通
P35参照。

各サイズの編み図

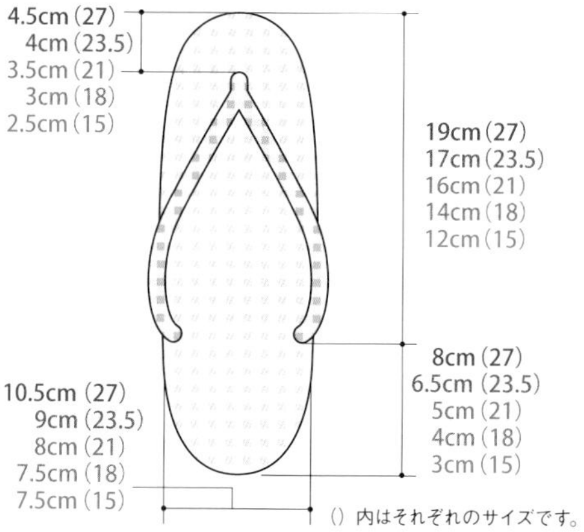

() 内はそれぞれのサイズです。

➡編みひもをセットする

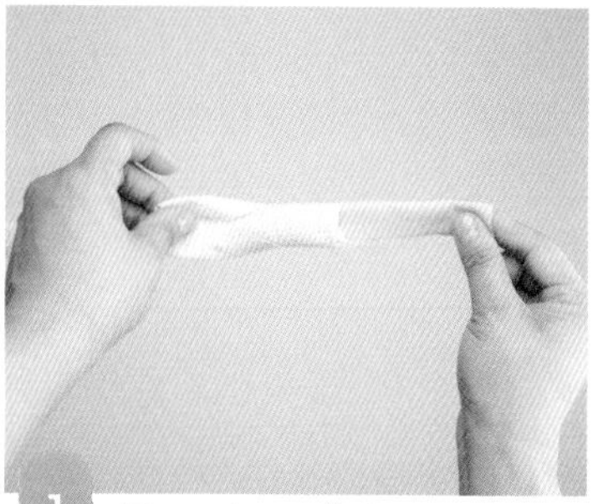

1 編みひもから芯布を8cm引っぱり出す（編み始めの1本のみ）。

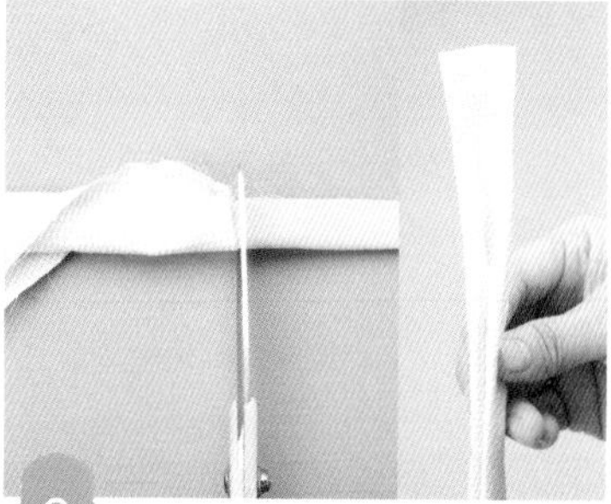

2 芯ひもをカットし、表布をかぶせて編みひもを元に戻す。

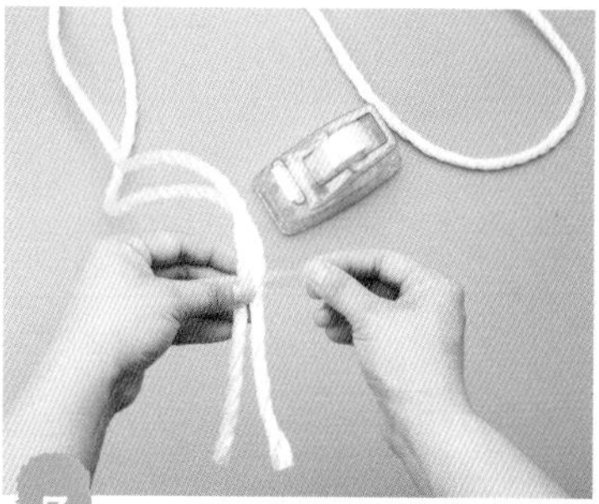

3 PPロープ（以下ロープ）をわにして、端から約10cmのところをセロハンテープでとめる。

わを手前に折り、セロハンテープの位置で上に重ねて2つのわを作る。

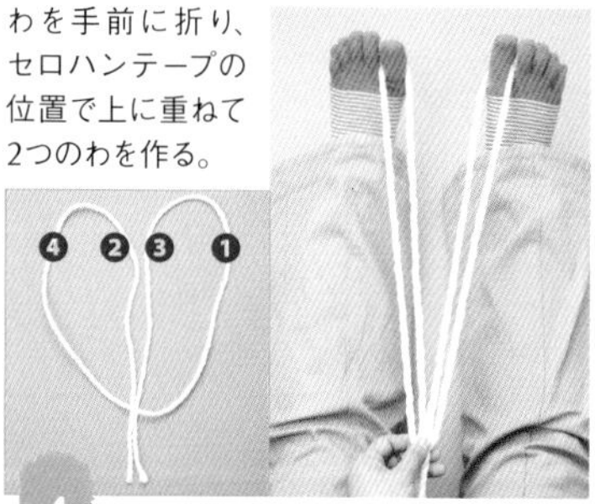

4 写真のようにロープの2つのわを左右の親指にかける。

端をねじって②と③を交差させる。

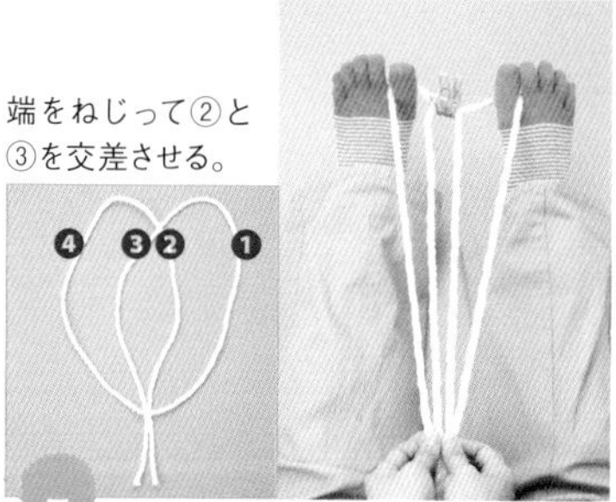

5 ❶～❹のロープの長さを揃え、❷と❸の交差したところを洗濯ばさみ2コで固定する。

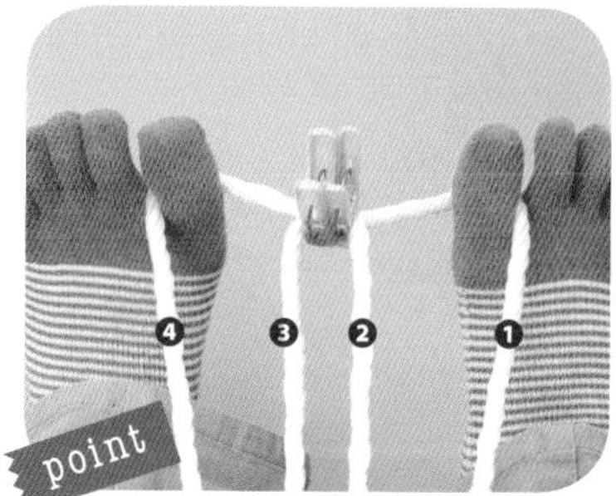

ロープは写真の状態で足にかかる。

➡つま先から編み始める

6 ロープを足にかけたまま、わの中心を持ち上げる。

7 編みひも（以下ひも）のひも端を約3cm出してわの中心に、下から45度の角度で当てる。

8 ひも端をロープにかけて左側に倒す。

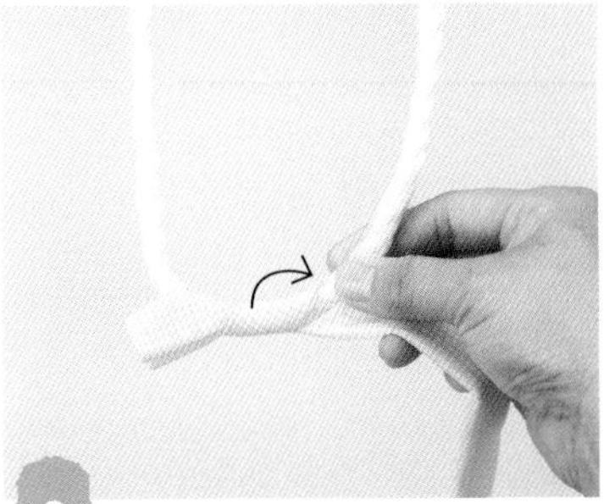

9 ひもの長いほうの端を⑧のひも端に重なるように、右側にひと巻きする。

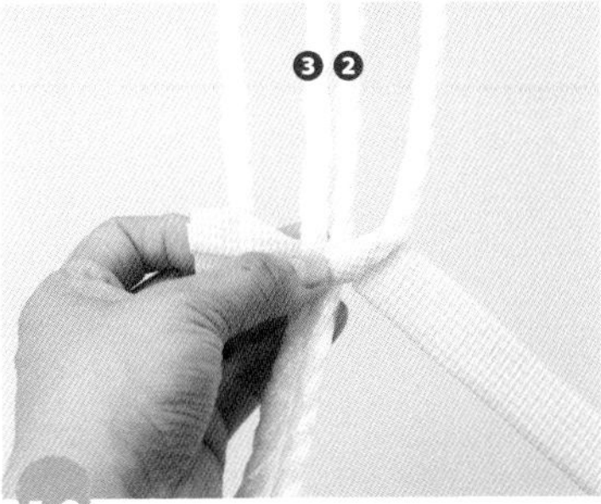

10 セロハンテープで固定した❷と❸のロープとひもを巻いたわを一緒に持つ。

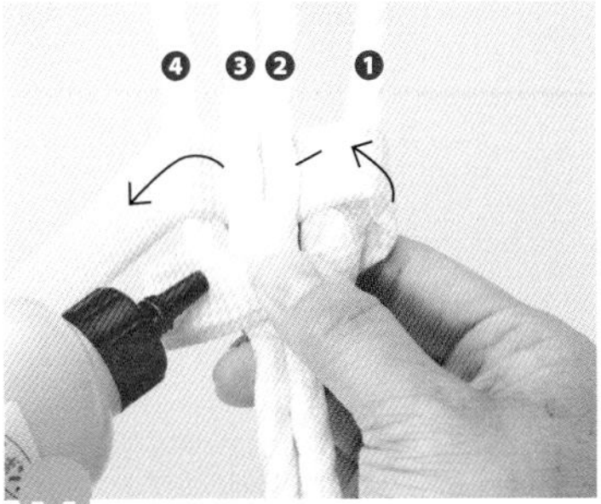

11 ひもを❶の上、❷と❸の下の順で通し、❹の上に出す。⑧のひも端にボンドをつける。

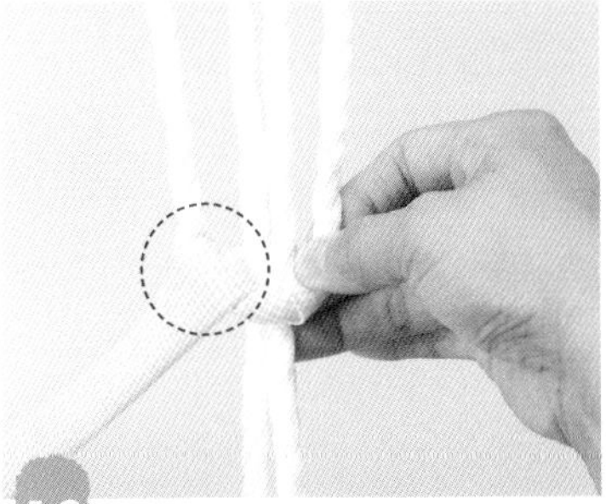

12 ❹の上にひもを通すとき、ひも端に重ねて接着する。

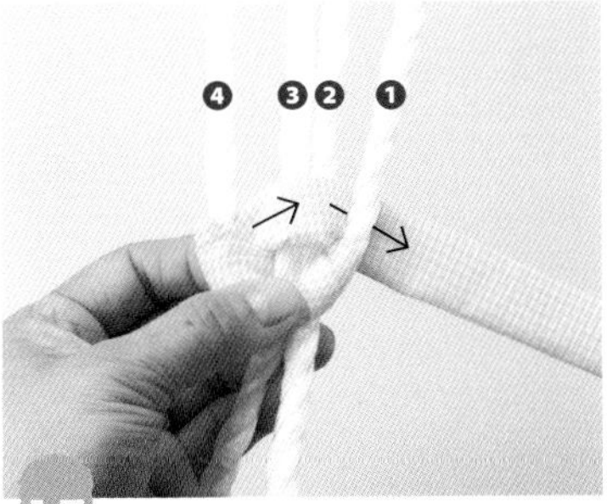

13 ❹をひと巻きして、❷と❸の上を通して、❶の下に出す。

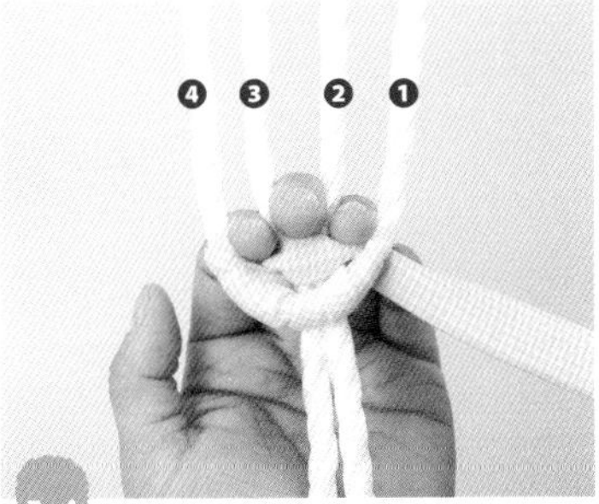

14 写真のように指3本をロープの間に入れて手前に引き、編み目を整える。

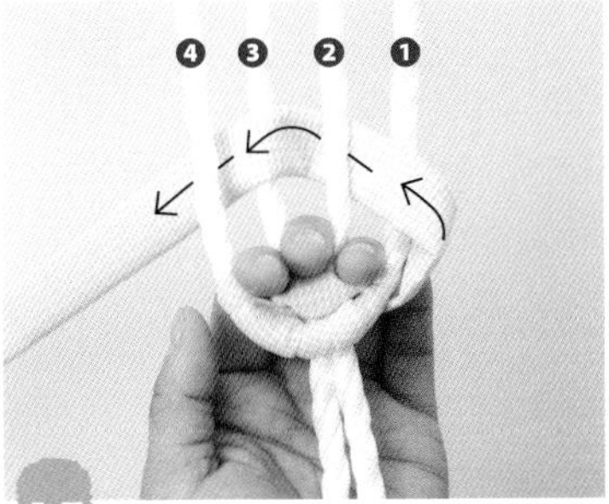

15 指を入れたまま、ひもを❶の上、❷の下、❸の上、❹の下の順で通す。

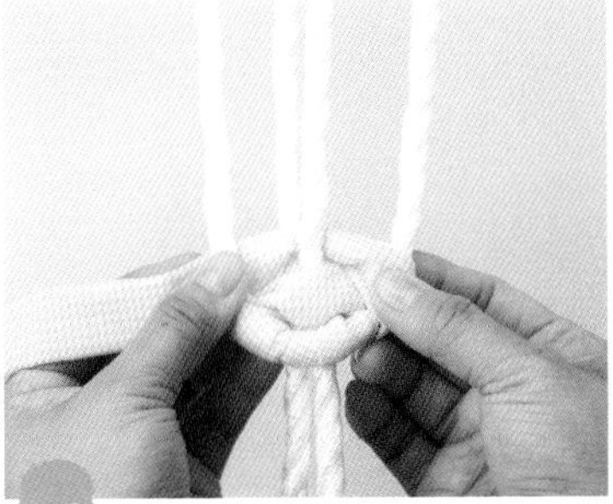

16 指を抜き、ひものねじれや折れ具合を均一にして編み目や形を整える。

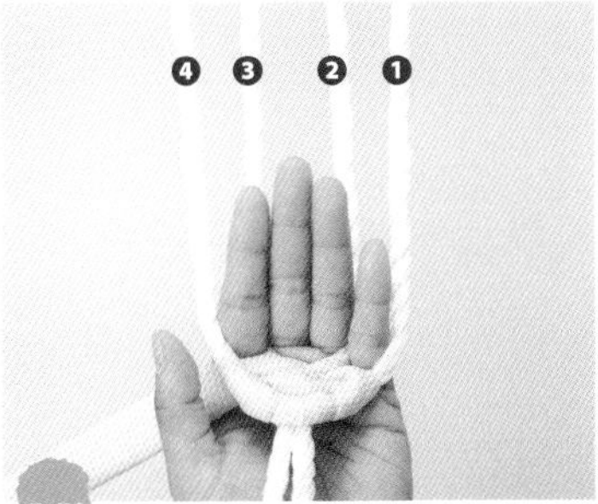

17 指4本を根元までロープの間に入れる（❷と❸の間には中指と薬指を一緒に入れる）。

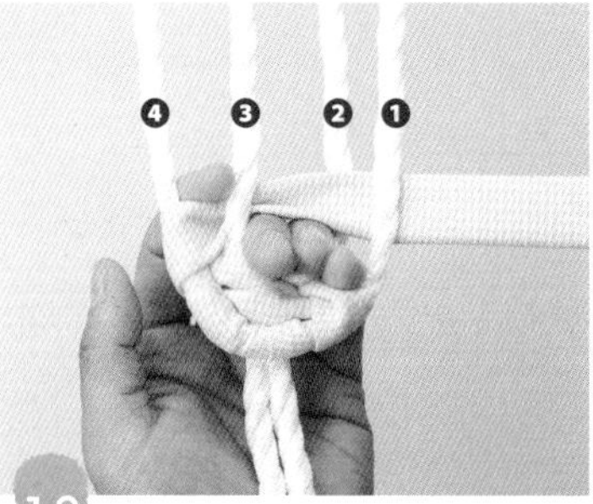

18 ひもを❹の上、❸の下、❷の上、❶の下の順で通す。❹を通すときはひもは指の前を通す。

19 1段編むごとに指を抜いて編み目や形を整える。

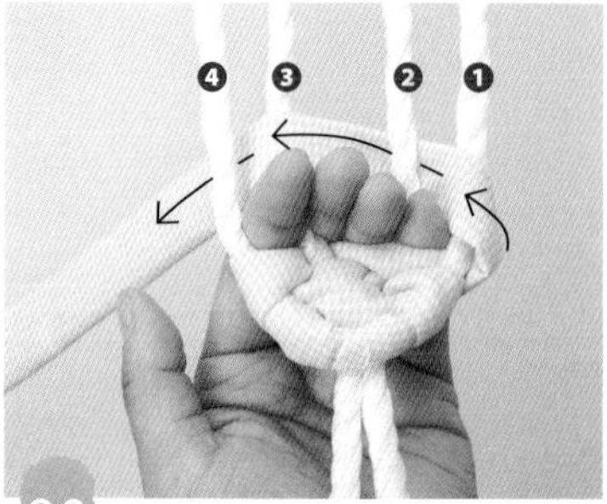

20 指を手前に引いて編み目を詰め、ひもを❶の上、❷の下、❸の上、❹の下の順で通す。

21 ⑰～⑳をくり返し1本目が編み終わったら、型紙を当ててみて形を整える。

➡編みひもを足す

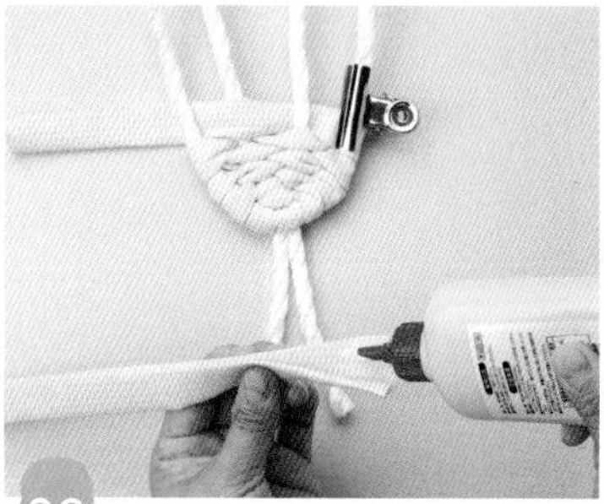

22 端をロープごとクリップなどで固定、2本目のひも端を開いてボンドをつける。

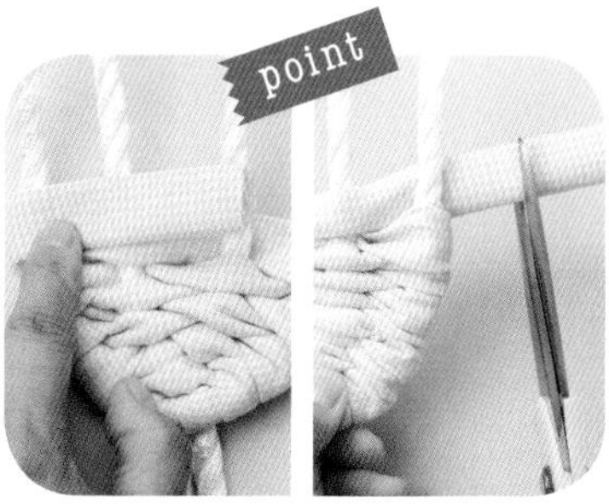

別柄の場合はひもを折り返して写真の位置でひも端をカット。

同柄の場合はロープの端から約1cmの位置でひも端をカット。

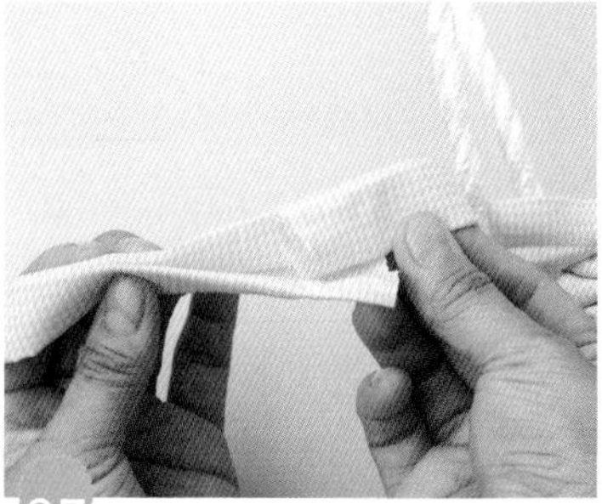

23 広げたひも端で1本目のひも端をくるんで接着する。

24 指4本をロープの間に入れ、⑰～⑳をくり返し、ひもを足しながら編む。

➡鼻緒をつける

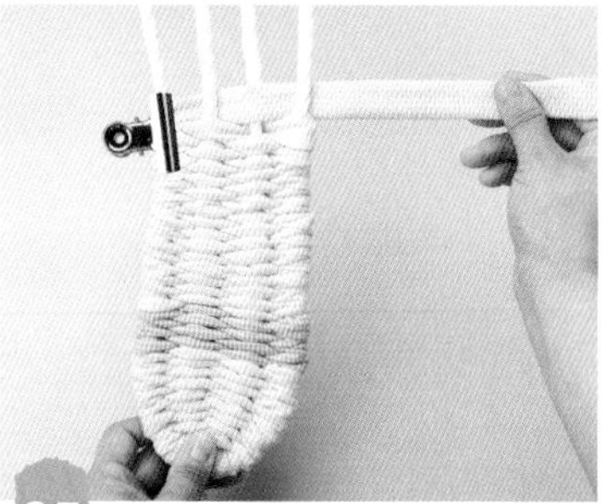

25 つま先から鼻緒の後ろ穴まで17cm編み、端をロープごとクリップなどで固定する。

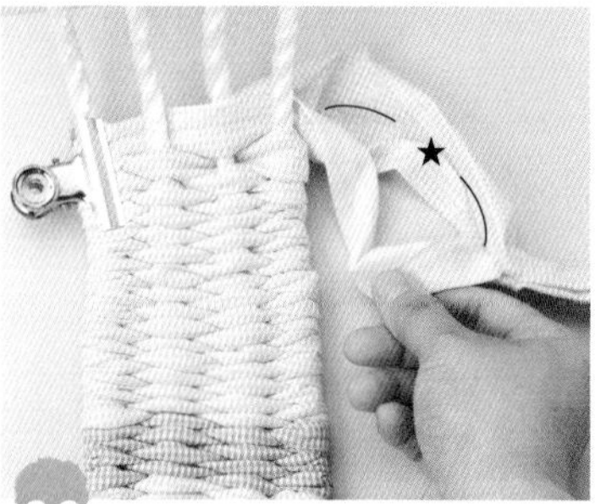

26 ★部分のひもを開き、芯布を引っぱり出す。

27 ❶のロープの位置で芯布をカットする。

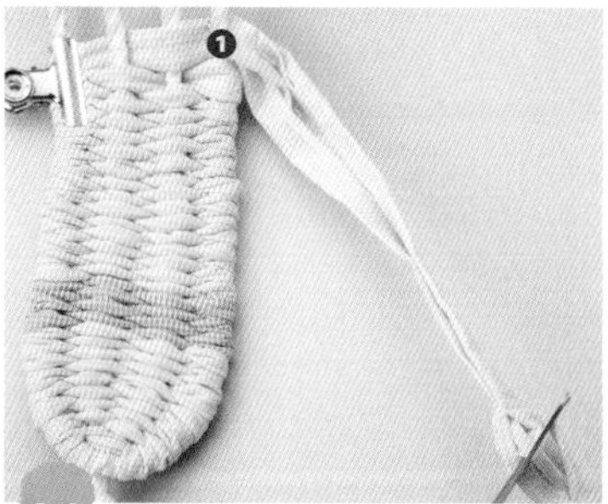

28 ❶のロープの位置から25cm先を開いて芯布をカットし、芯布を抜く。

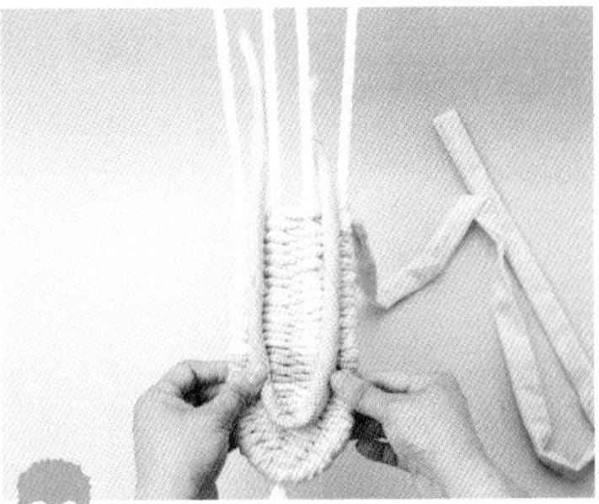

29 クリップを外し、つま先から4cmの位置に2等分に折った鼻緒の中心（前緒）をのせる。

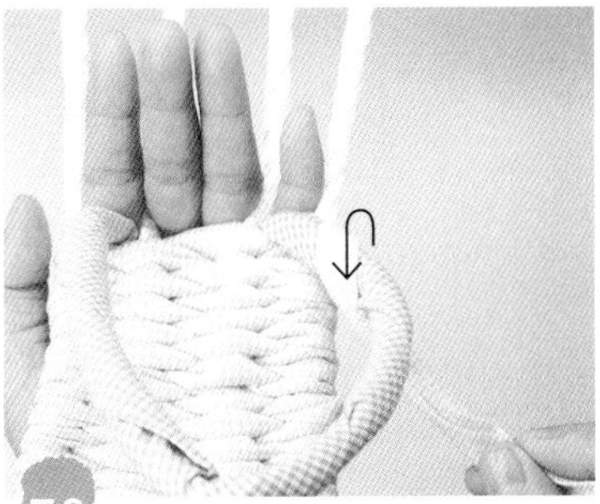

30 指4本を入れる。鼻緒の後ろ緒をひもで外側から内側にひと巻きする。

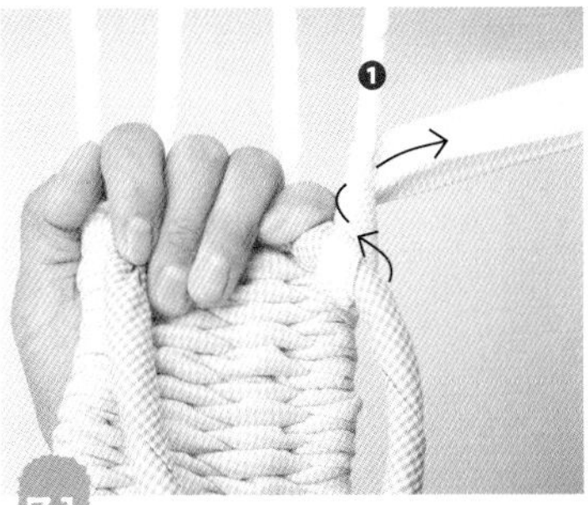

31 ❶のロープだけをひもで外側から内側にひと巻きする。

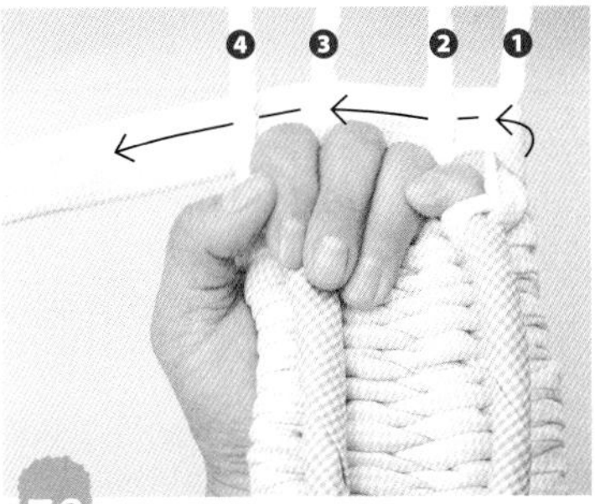

32 ひもを❶の上、❷の下、❸の上、❹の下の順で通し、指を抜く。

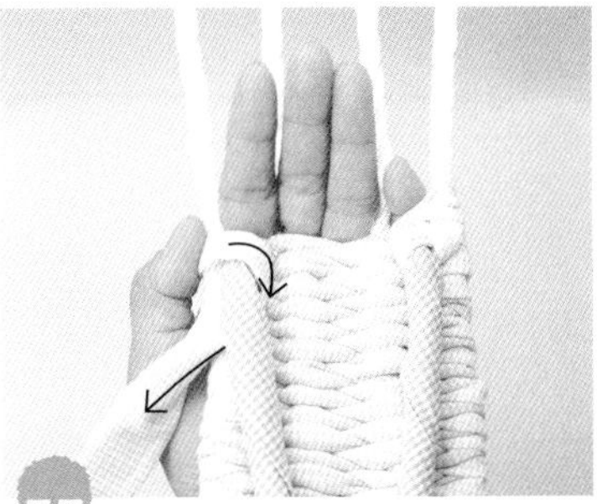

33 指を入れ手前に引いて編み目を詰める。鼻緒の後ろ緒を外側から内側にひと巻きする。

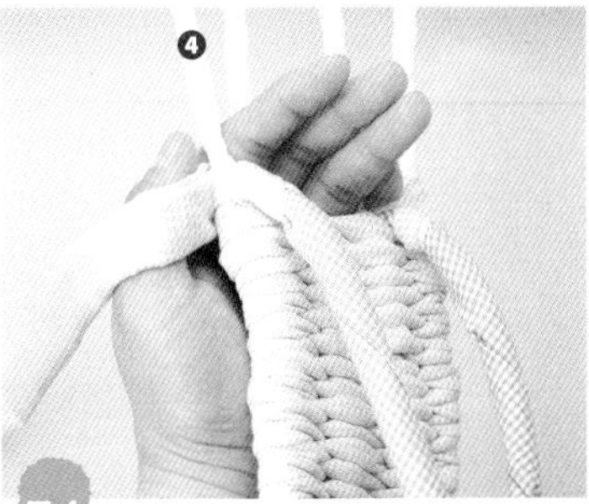

34 ㉛と同様に❹のロープだけをひもで外側から内側にひと巻きする。

➡かかとを処理する

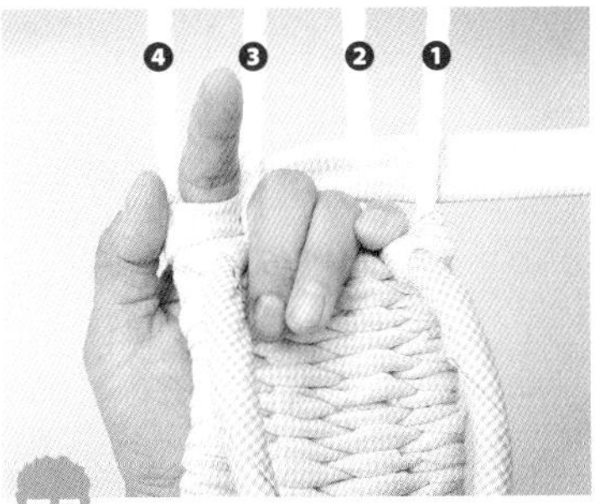

35 ひもを❹の上、❸の下、❷の上、❶の下の順で通す。

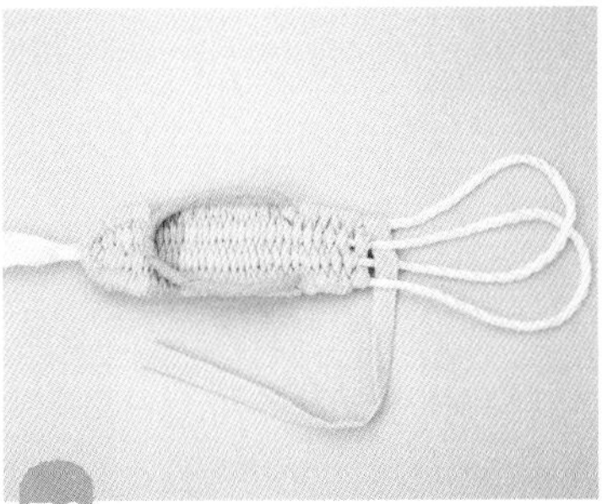

36 後ろ穴からかかとまで6.5cm編む（型紙を当て幅が狭くなる部分は指3本で編む）。

37 つま先を押さえながらロープを手前に引っぱる。

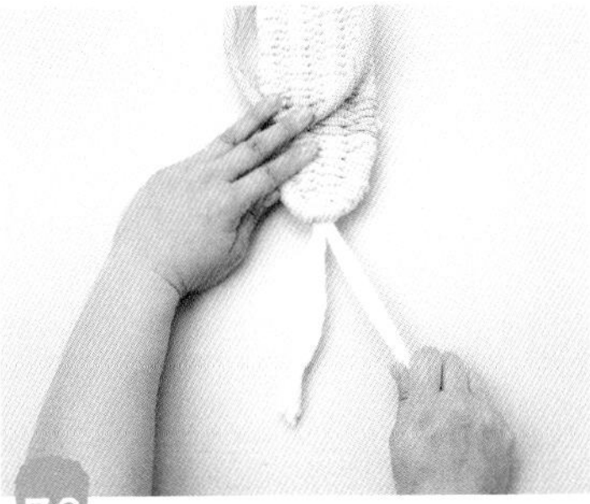

38 ロープのセロハンテープをはがし、1本ずつ手前に引っぱる。

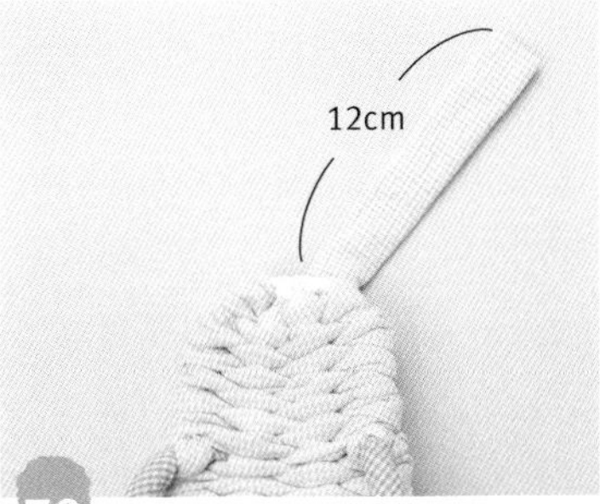

39 ロープが絞られてかかとの丸みができたら、ひも端を12cm残してカットする。

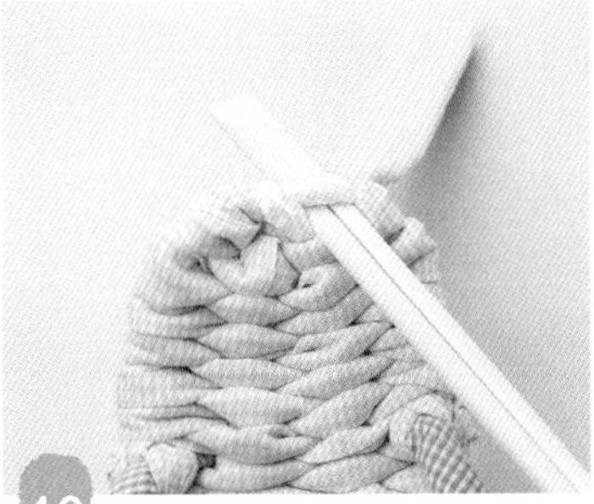

40 わりばしでかかとのフチと編み目の間を広げる。

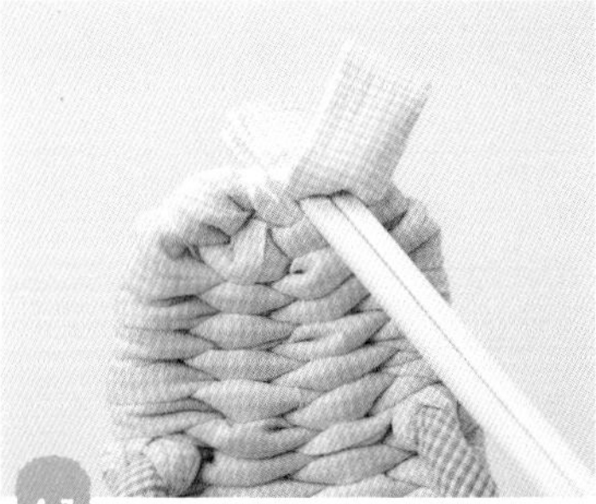

41 広げたすき間にひも端を押しこむ。

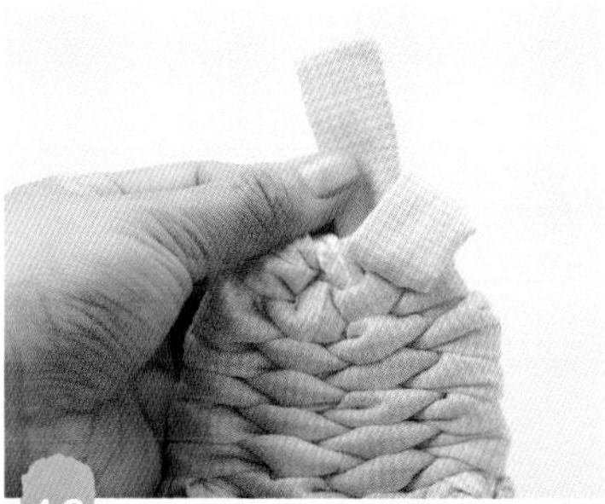

42 押しこんだひもを引っぱり出す。

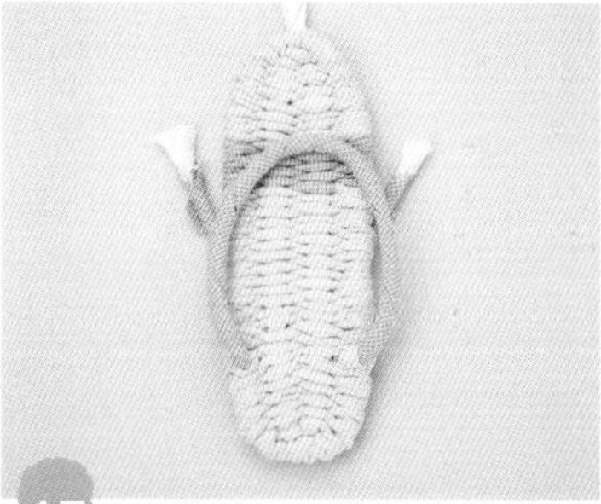

43 ㊵〜㊷をくり返してかかとのフチを小判型にする。

➡鼻緒を仕上げる

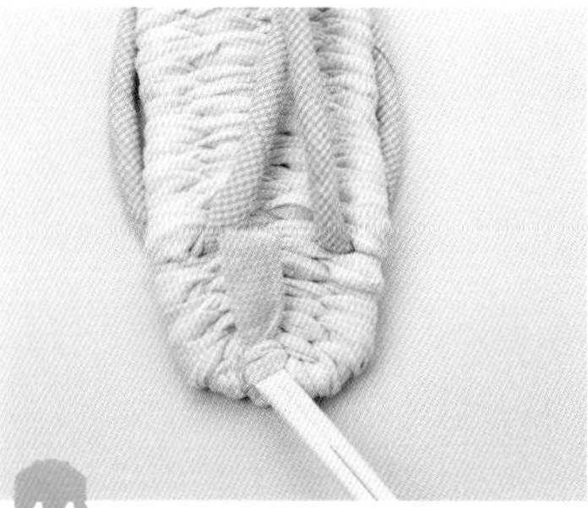

44 余分なひも端は底側の編み目に押しこむ。

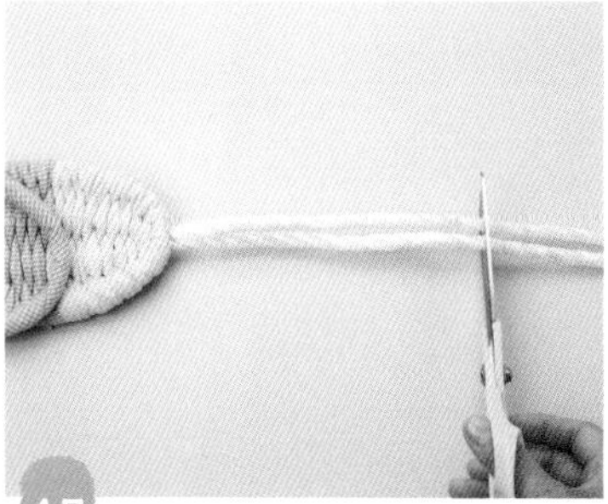

45 つま先側のロープを 15cm 残してカットする。

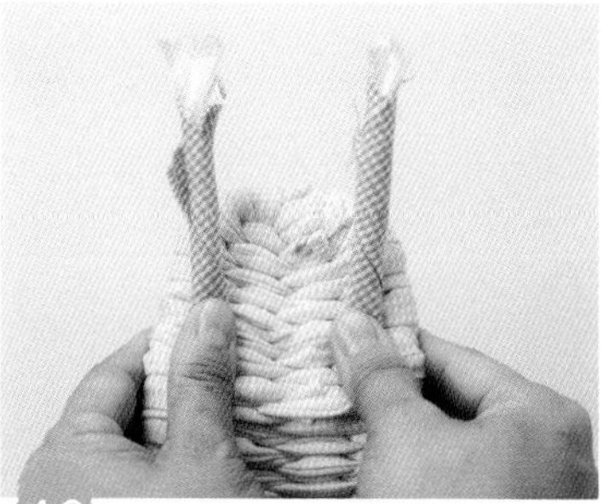

46 底側に出た後ろ緒の両端を同じ長さに揃える。

47 つま先の頂点から 4cm 下の中央にわりばしを入れ、編み目を広げる。

48 広げた編み目に前緒の輪を押しこむ。

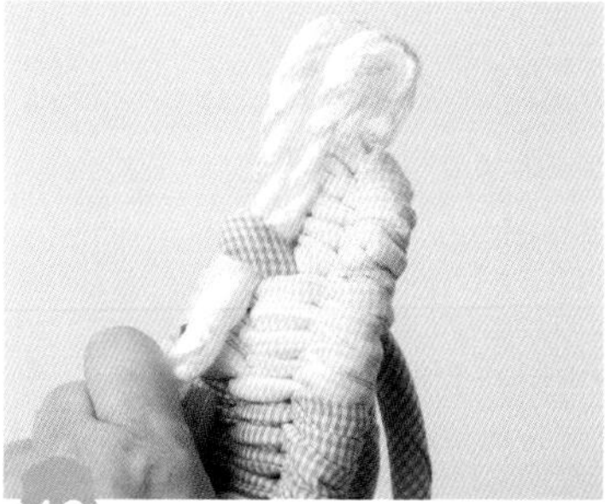

49 底側に出た前緒の輪に㊺でカットしたロープを2本一緒に通す。

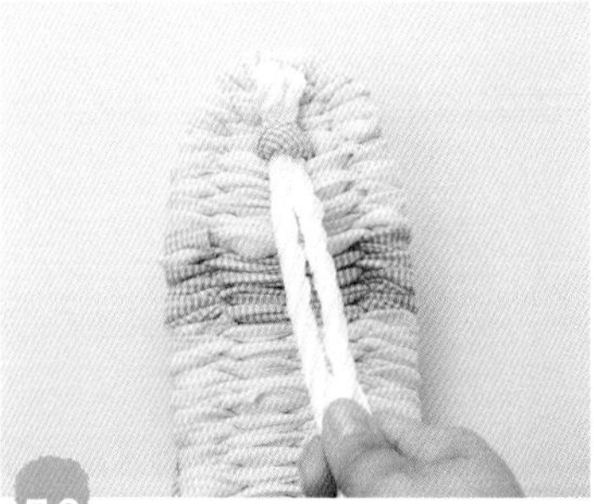

50 ロープをしっかり引っぱる。

51 鼻緒を引っぱって根元の高さを出す。

52 わりばしで底側の4 〜 5段分の編み目を広げる。

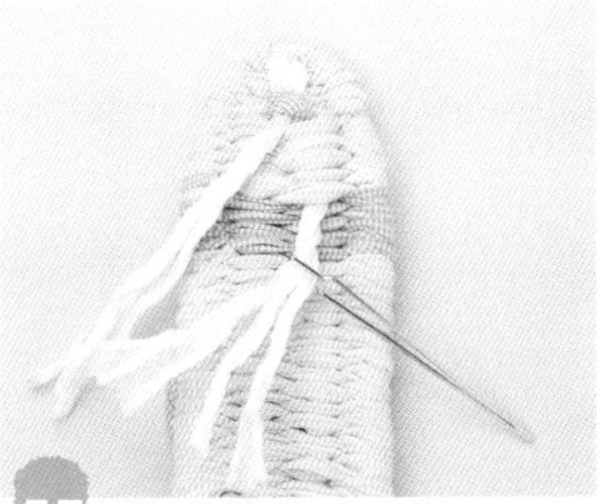

53 広げた編み目にゴム通しでロープ１本を通す。残りの１本も同様に通す。

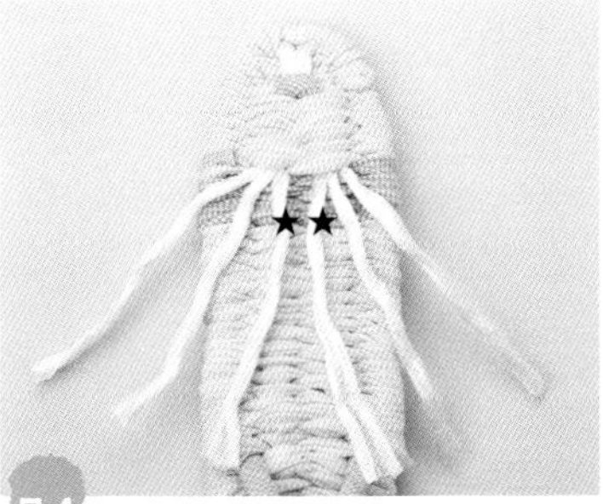

54 ロープのよりをほどいて★印同士を固結びする。

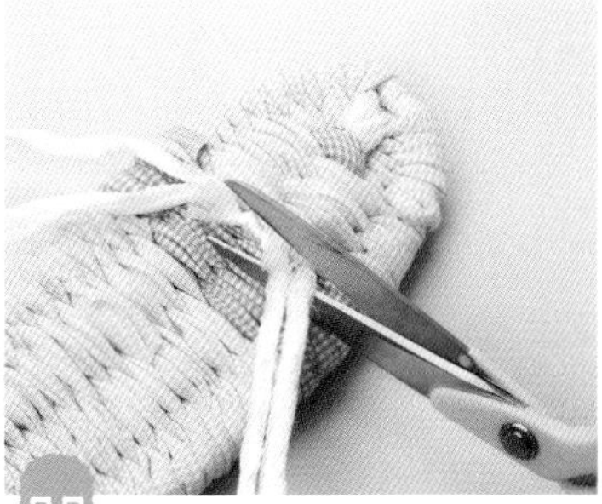

55 結び目から1cm残してロープをカット。外側のロープも余分をカットする。

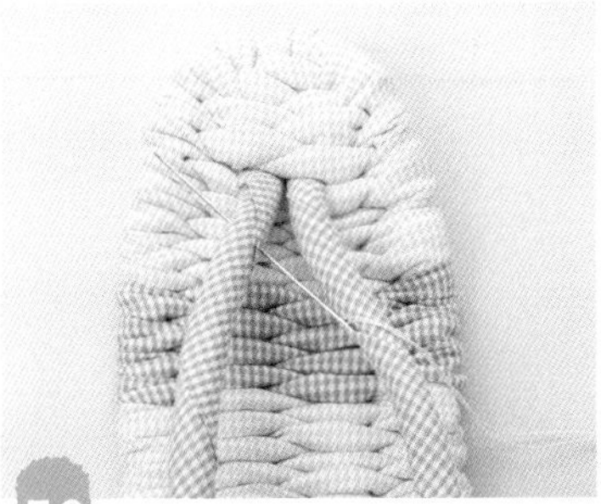

56 前緒の根元から 2.5cm 上までレース糸で縫いとめる。

57 縫い目が表に出ないように内側を縫いとめる。

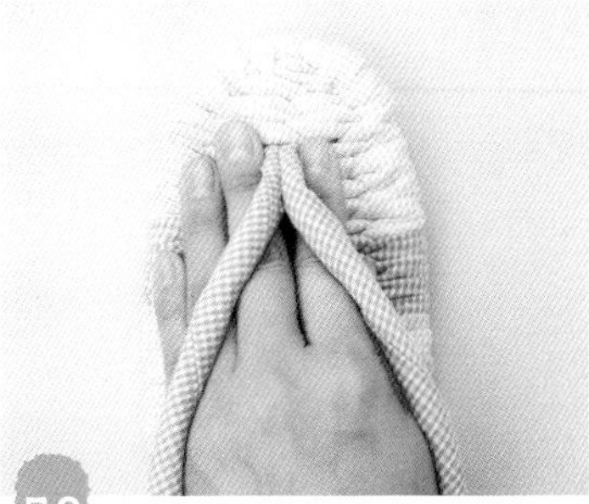

58 手を差し入れて鼻緒のゆるみを決め、形を整える。

➡底を仕上げる

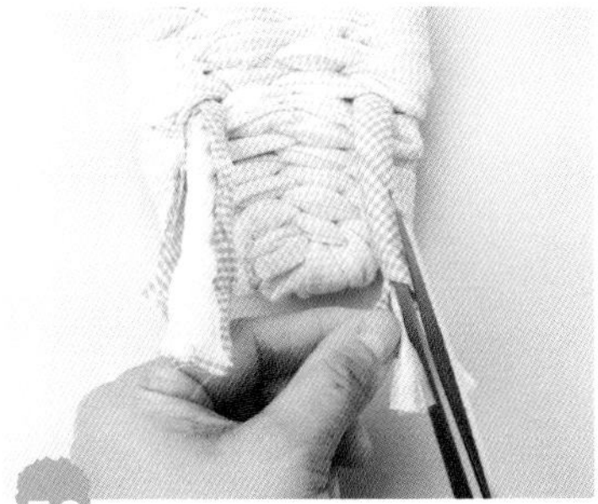

59 後ろ緒の両端の布を切り開き、ロープのよりをほどく。

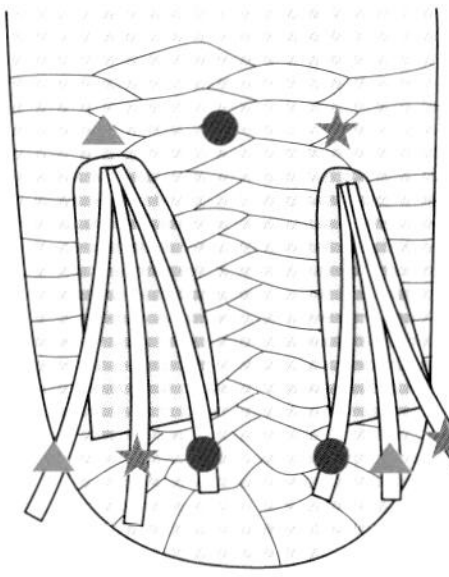

60 ロープの同じ印同士を、それぞれ▲●★の位置で結ぶ。

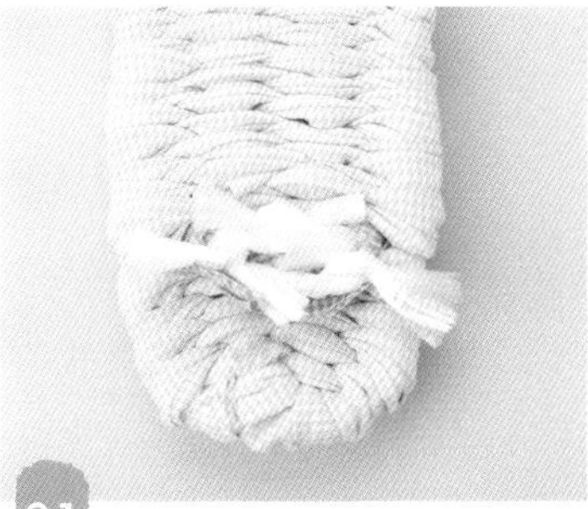

61 布は1.5cm、ロープは1cm残してカットする。

62 ロープにボンドをつけ、㉛で残した布でくるむ。

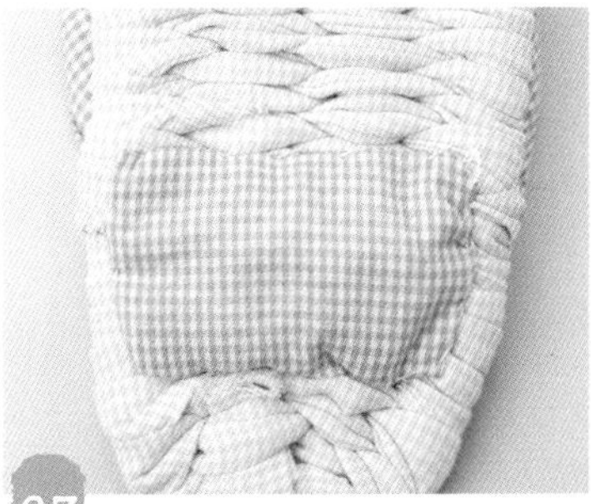

63 布でくるんだ部分にボンドでハギレを貼る。ボンドが乾いたら外周を縫いつける。

64 できあがり。

アレンジ
1

前つぼつき布ぞうり（23.5cmサイズ）※作り方は各サイズ共通

V字鼻緒、筒型鼻緒のどちらでも作れます。
前つぼと鼻緒の布の組み合わせも楽しんで！

材料

編みひも14本、V字鼻緒60cm×2本、PPロープ（8mm）2m×2本／前つぼ用30cm×1本、前つぼ用布4cm×30cm×2枚
※編みひもと鼻緒はP30～38の手順で仕立てておく。

作り方

前つぼを作る➡台をかかとまで編む➡鼻緒をつける➡底を仕上げる

［各サイズの材料］
P35参照。

➡前つぼを作る

1 PPロープ（以下ロープ）のよりをほどき、細い1本を芯にする。

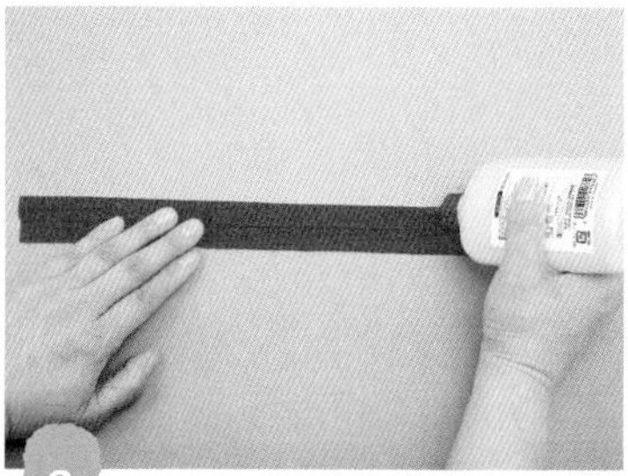

2 布の3分の1を目安に上辺を折り、布端から5cm、折り目から5mm下にボンドをつける。

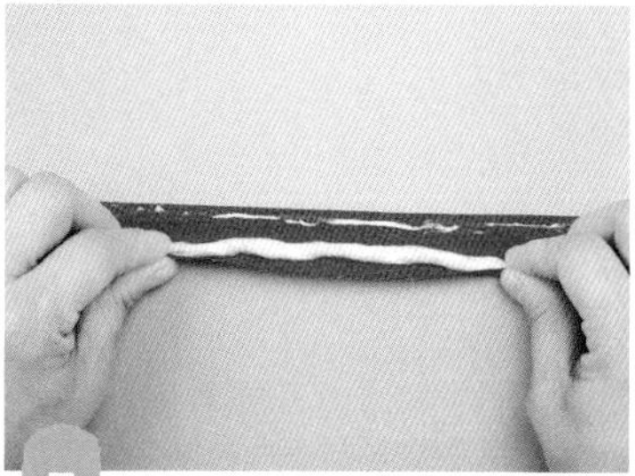

3 ②の上に①の芯を置き、ボンドをつけた上辺に向かって①を巻いていく。

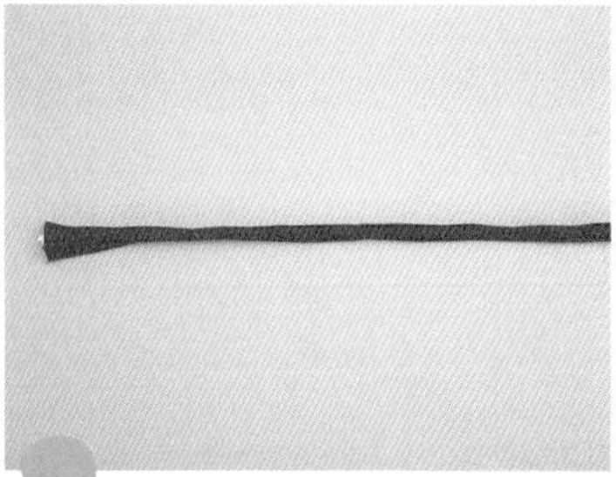

4 前つぼが完成。

➡鼻緒をつける

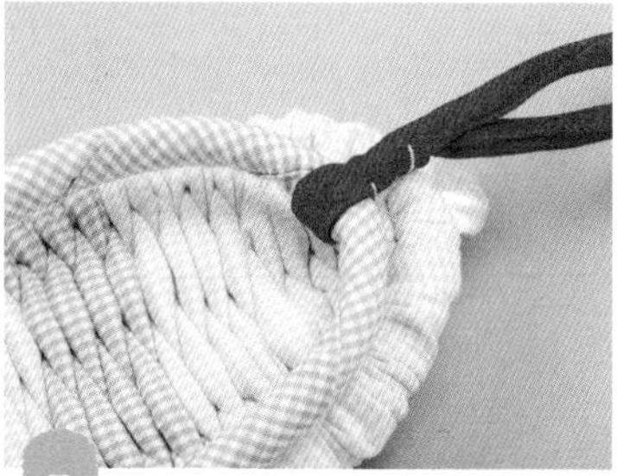

5 P44①～48㊻の手順で台を編み、前緒を前つぼではさんでわきをかがり縫いする。

6 つま先の頂点から4cm下の中央にわりばしで前つぼを押しこむ。

➡底を仕上げる

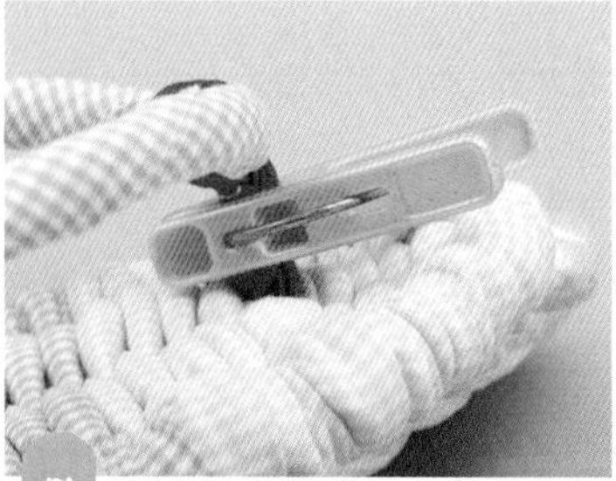

7 前つぼの高さを2cmにして、洗濯ばさみで仮止めする。

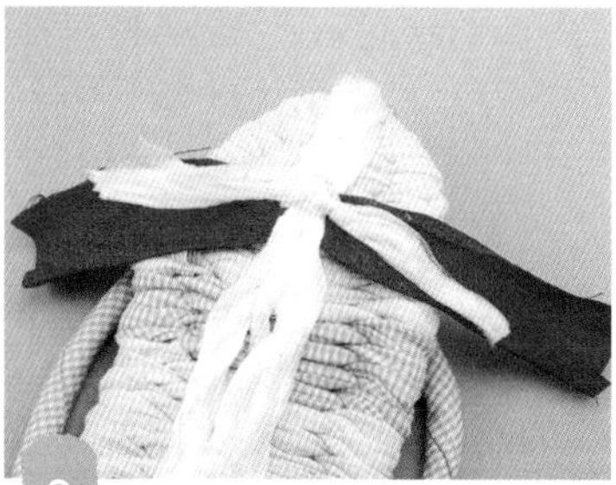

8 前つぼの布を切り開き芯でつま先のロープをしばる。布は固結びして編み目に押しこむ。

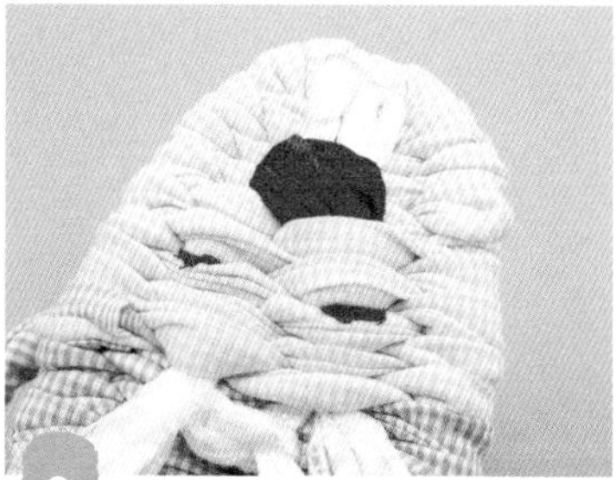

9 P49(54)～(55)を参照にしてロープをカット。P49(59)～(63)の手順で仕上げる。

アレンジ 2

幅広鼻緒の布ぞうり（23.5cmサイズ）※作り方は各サイズ共通

かかと付きのスリッパ台と組み合わせもおしゃれ！
つけ方はＶ字鼻緒と同じです。

材料

編みひも14本、幅広鼻緒2本、PPロープ（8mm）2m×2本、ハギレ少々

作り方

スリッパ台を編む➡幅広鼻緒をつける
➡かかとを作る

［各サイズの材料］
P35参照。

➡スリッパ台を編む

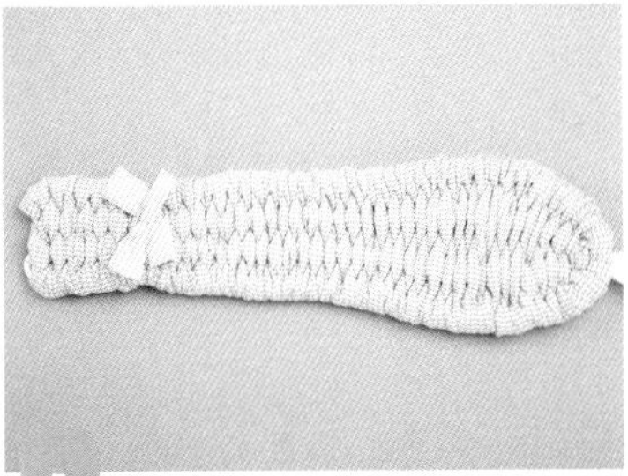

1 P53⑧～54⑯の手順で台を編む。ぞうりはP44①～46㉔、P47㊱～48㊹の手順で編む。

➡幅広鼻緒をつける

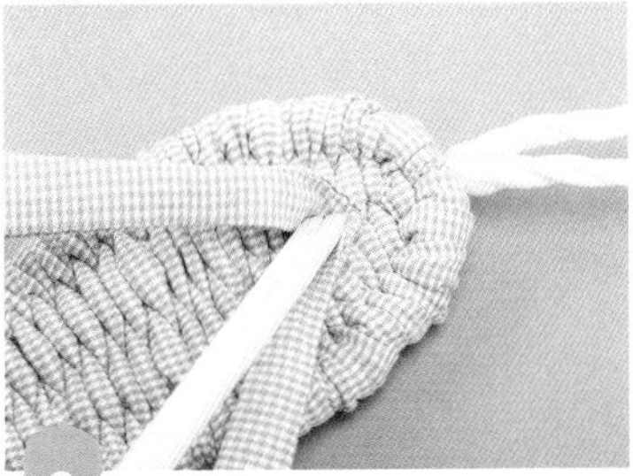

2 つま先の頂点から4cm下の中央にわりばしで前緒の輪を押しこむ。

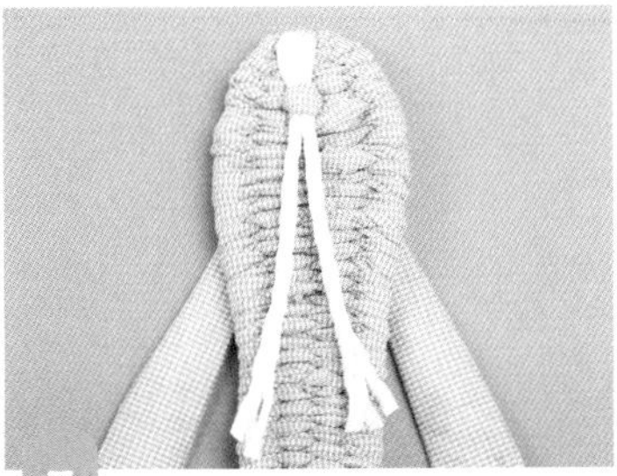

3 底側に出た前緒の輪につま先のPPロープ（以下ロープ）を通す。

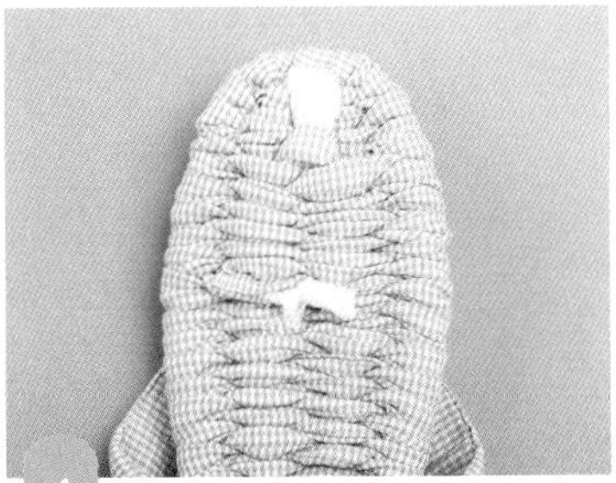

4 P48㊷～49㊺の手順でロープを編み目に通して処理する。

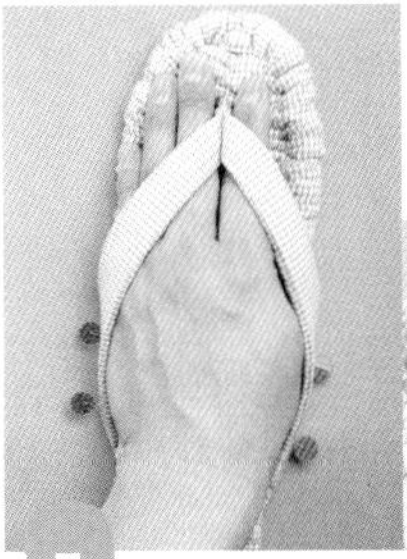

鼻緒の付け根の内側はかがり縫い、つま先側はぐし縫いする。

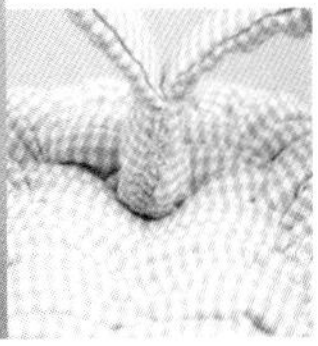

5 手を差し入れて鼻緒の高さと角度を調整し、縫い付け位置を決定してマチ針を打つ。

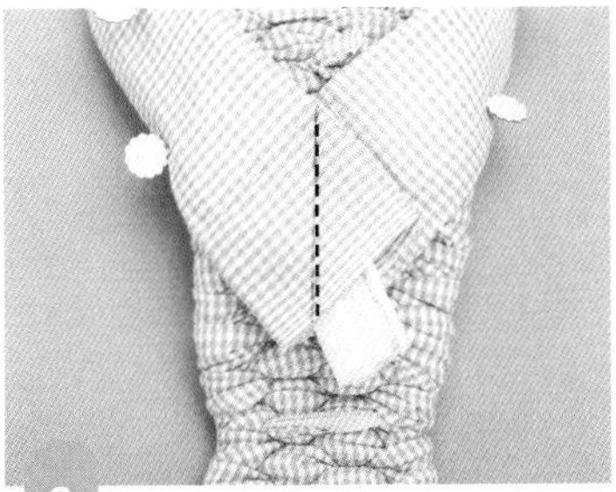

6 裏側で鼻緒が重なる部分（写真の点線部分）を左右とも切り落とす。

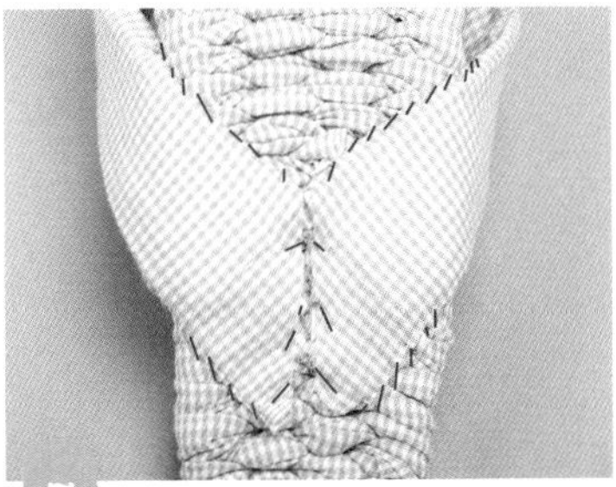

7 写真のように鼻緒のフチと台をかがり縫いで縫いつける。

➡かかとを作る

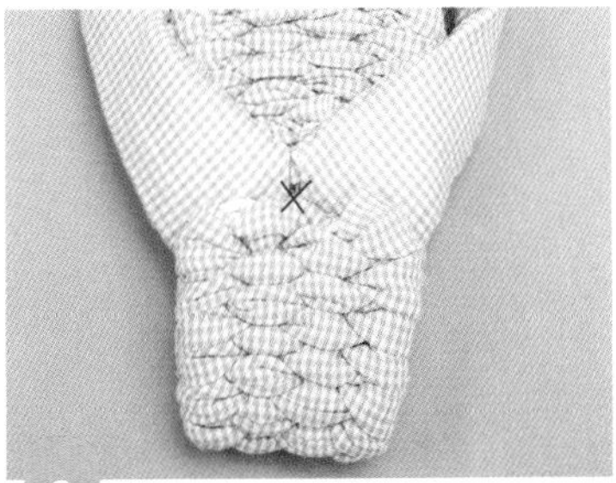

8 かかとを鼻緒に重ねるように折りたたみ、×印の位置で縫いつける。

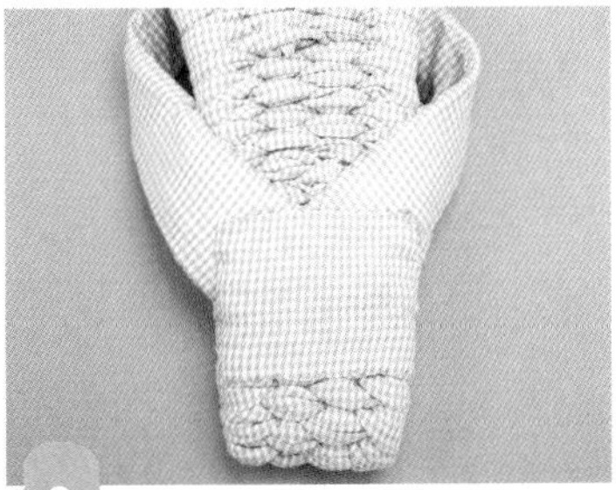

9 かかとのフチを隠すようにハギレを縫いつけて仕上げる。

アレンジ 3 スリッパを編む（23.5cmサイズ） ※作り方は各サイズ共通

ぞうりの編み方でかかと付きのスリッパ台を編んで、鼻緒のかわりにカバーをつけるだけ。キッズ&ベビー用はぞうり台で作ります。

材料

編みひも14本、カバー用の布：表17cm×22cm×2枚　裏16×22cm×2枚、ウレタン（5mm厚）12cm×18cm×2枚、PPロープ200cm×2本　ハギレ少々

※編みひもはぞうりと同サイズ。P37の手順で仕立てておく。

作り方

カバーを作る➡台を編み、かかとを作る➡つま先を処理する➡カバーをつける

［各サイズの材料］

P35参照。

各サイズの編み図

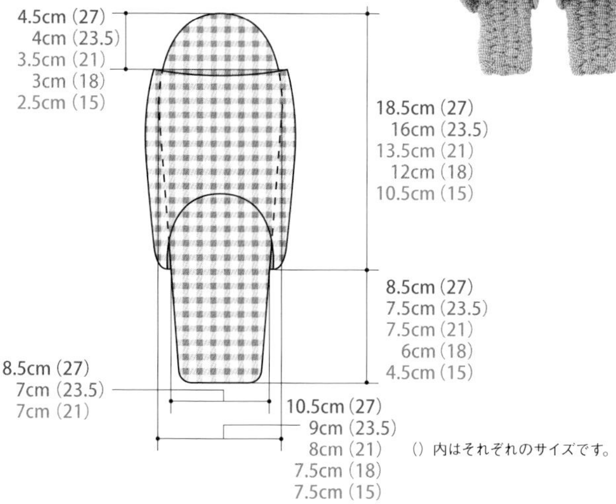

➡カバーを作る

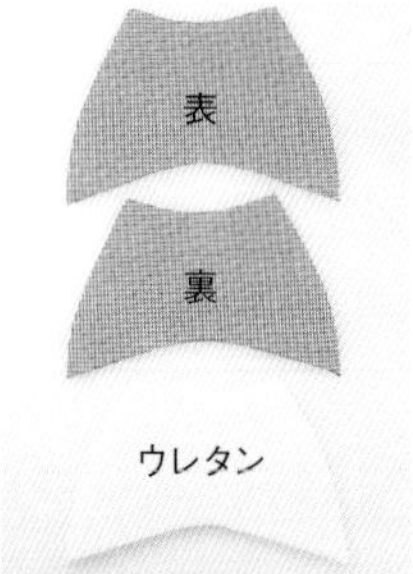

1 カバー布に型紙を置き、縫い代を2cmとって裁断。ウレタンは型紙通りに裁断する。

飛び柄などの場合は表用の型紙で抜き型を作り、布に当てて柄を選ぶと便利。

2 ①で裁断した布に型紙を置き、書き写す。

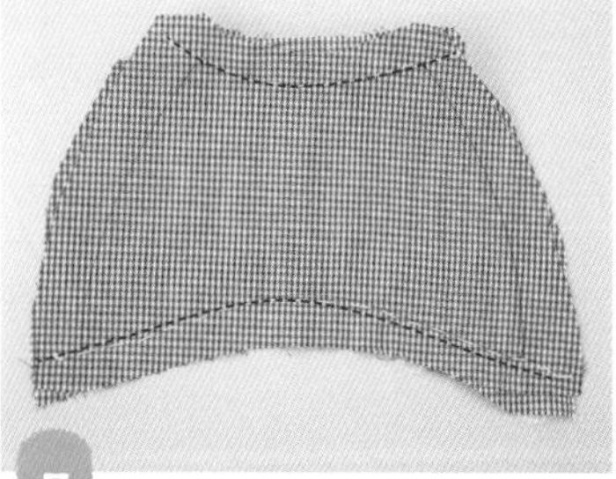

3 表用と裏用の布を中表に合わせ、②の線に沿って上下を半返し縫いする。

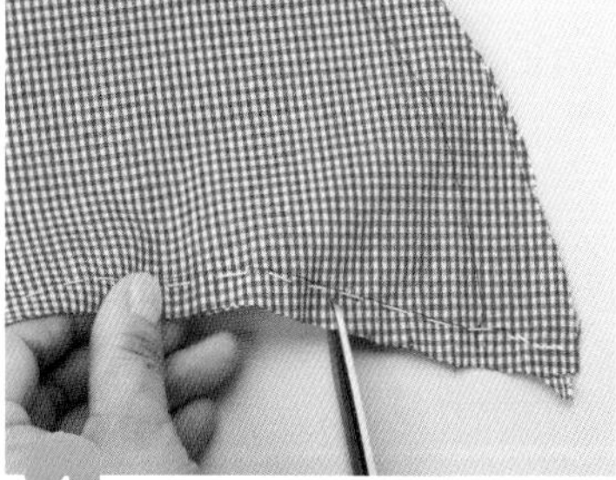

4 布端を1cm残してカット。1cm間隔で上下に切り込みを入れる。

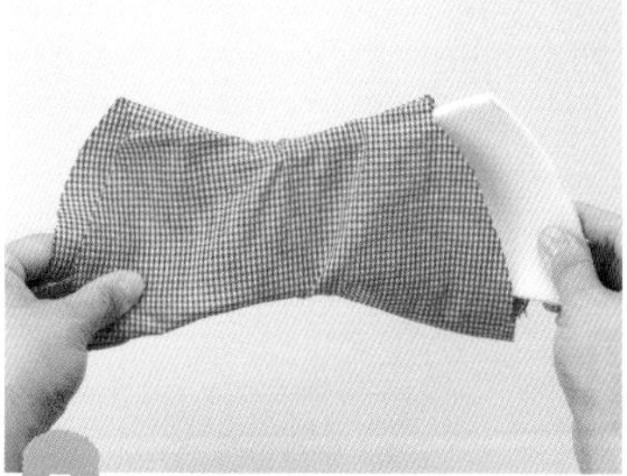

5 表に返してウレタンを入れる。

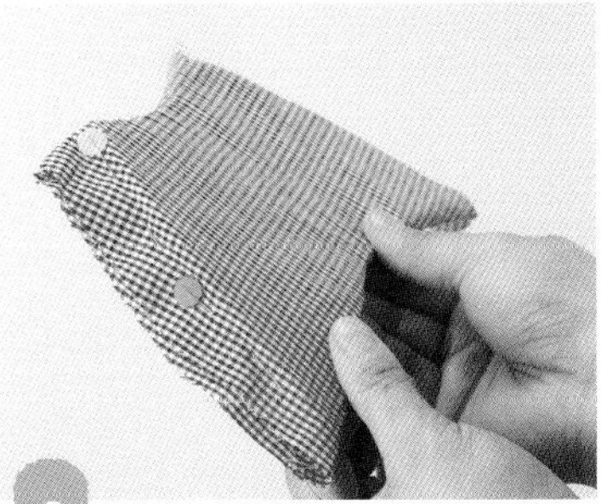

6 ウレタンの厚みに布を沿わせ、左右にマチ針を打つ。

point

ウレタンの厚みの上にマチ針を打つ。

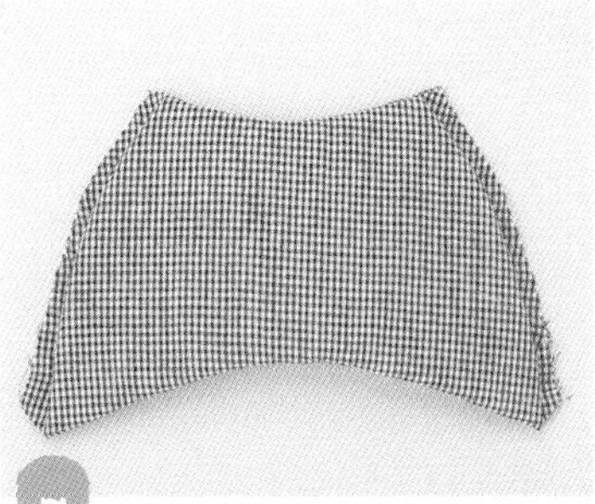

7 左右を縫い合わせ、布端を1cm残してカット。カバーが完成。

➡台を編み、かかとを作る

8 P44①～47㊱の手順（P44⑤は不要）で台を編む。

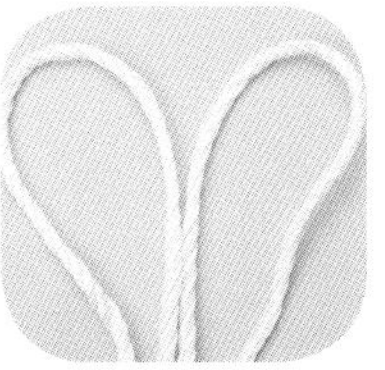

スリッパ台を編むときは足指にかけるロープは交差させない。

point

編み進めながら型紙を当て、幅が狭くなる部分は指3本で編む。

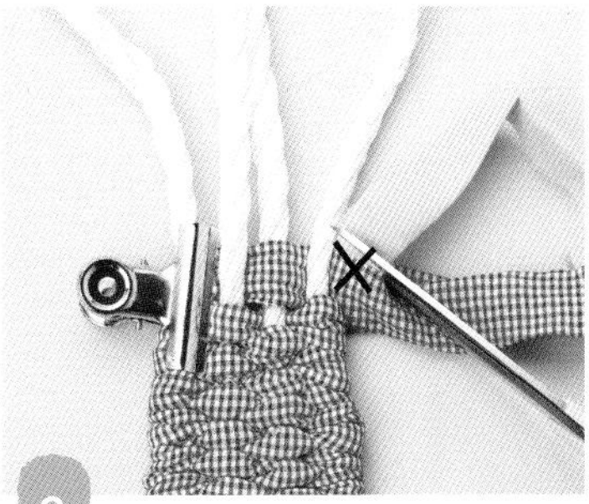

9 編みひも（以下ひも）を開き、芯布を×の位置でカットする。

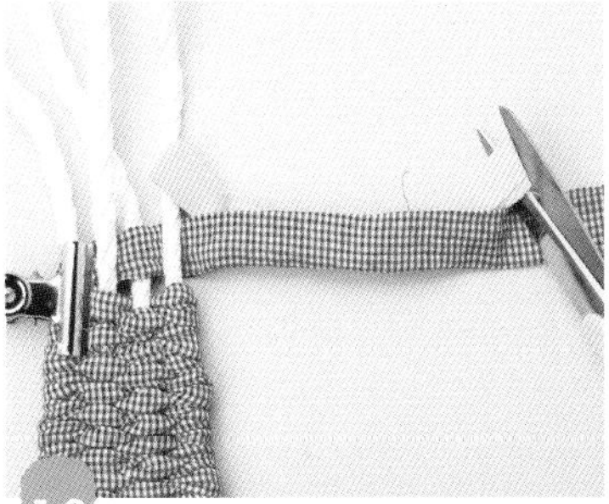

10 ⑨でカットした位置から12cm先を開いて芯布をカットし、芯布を抜く。

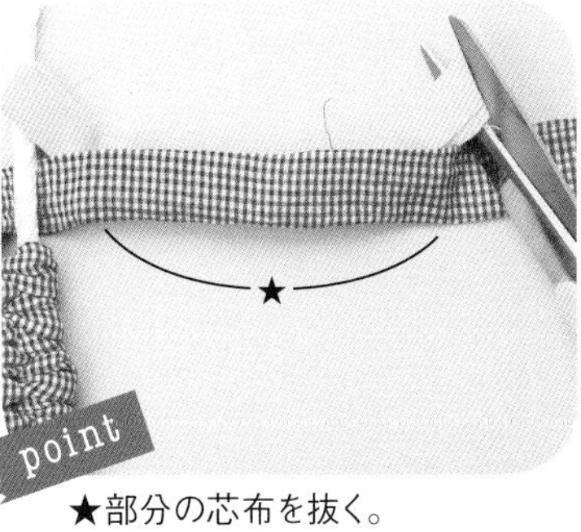

point

★部分の芯布を抜く。

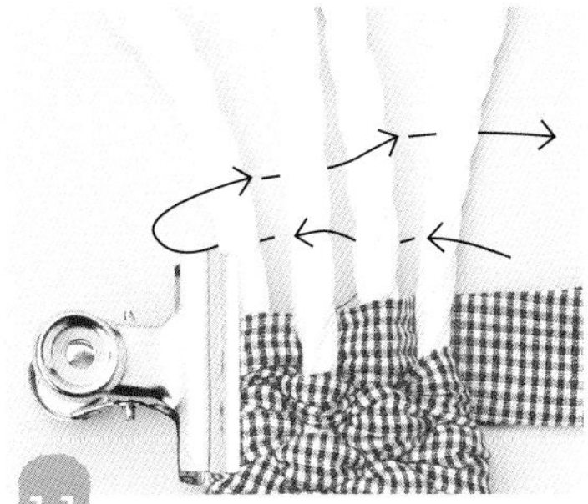

11 指を入れずに1往復編む。

12 ⑪で編んだ段を布きれなどで結ぶ。

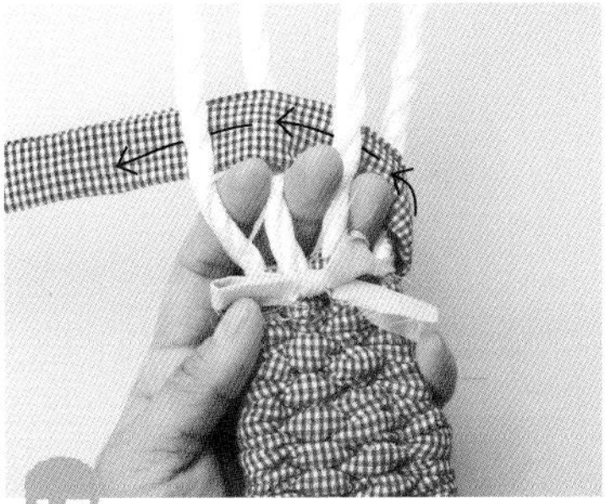

13 指3本を入れて編む。

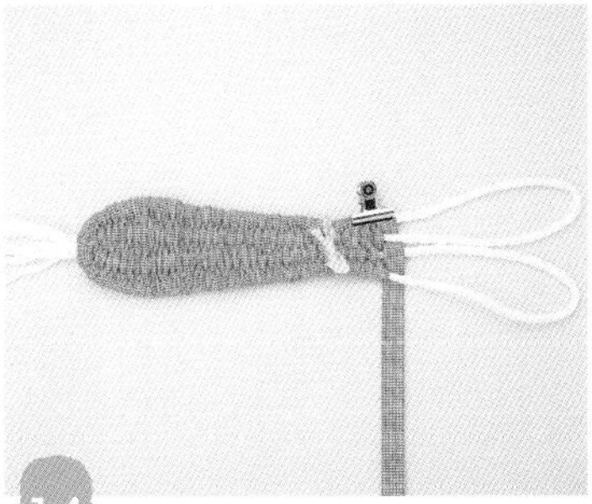

14 ⑫の布きれから6cm編む。この部分がかかとの厚みになる。

15 ロープのセロハンテープをはがし、1本ずつ手前に引っぱる。

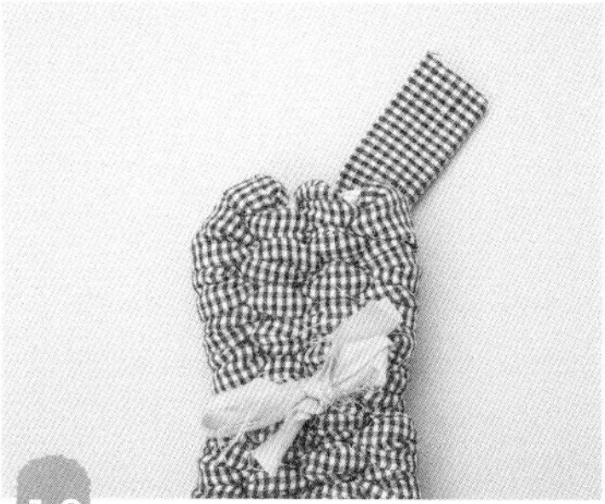

16 かかとのフチのラインができたら、ひも端を3cm残してカットする。

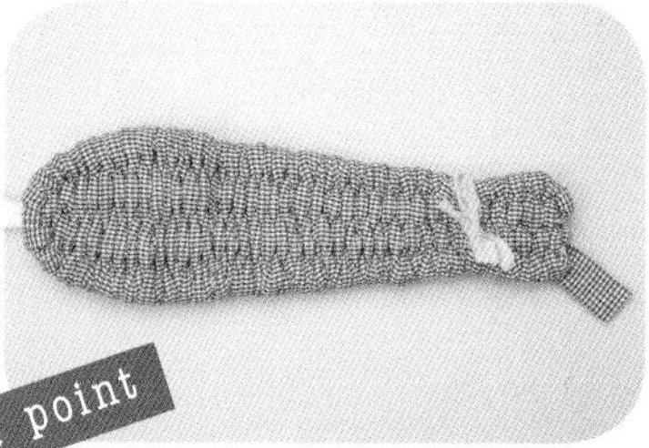

point

このような形に編み上げる。

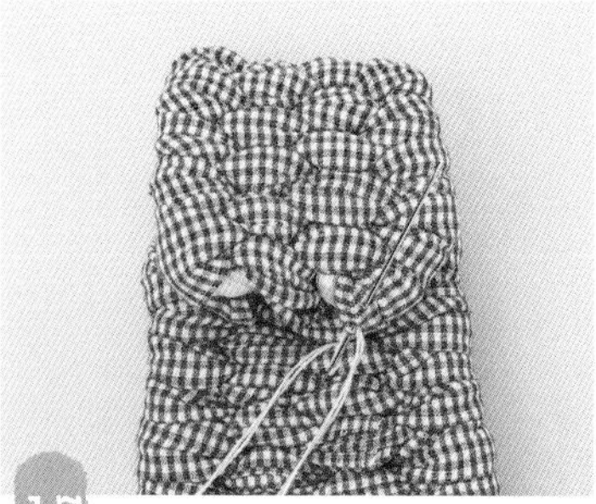

17 ⑫の布きれの位置でひも端も一緒にかかとの厚みを底側に折り、2針で縫い合わせる。

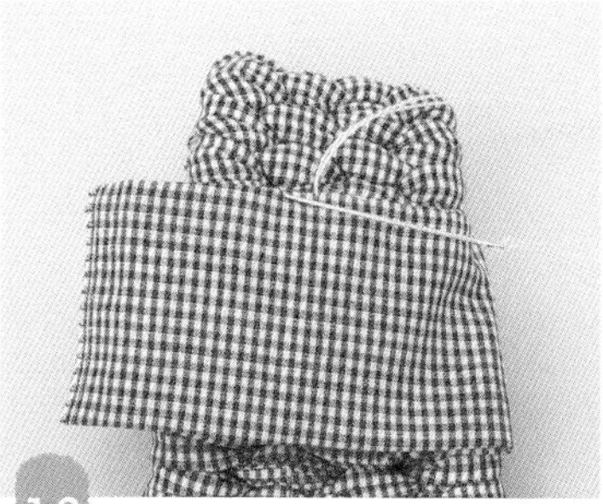

18 ハギレをかぶせて、縫いつける。

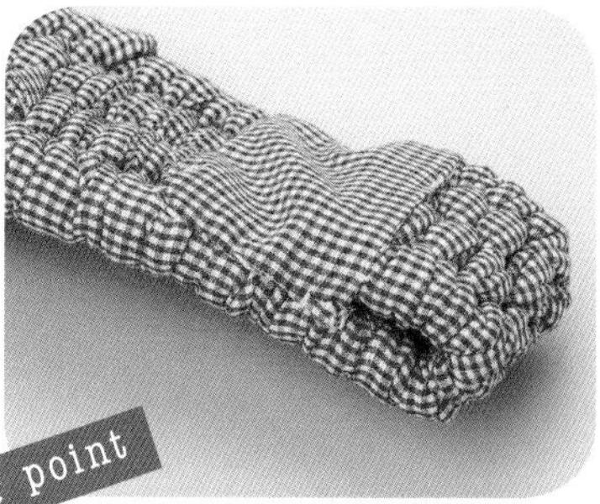

point

かかとの側面も縫いつける。

➡つま先を処理する

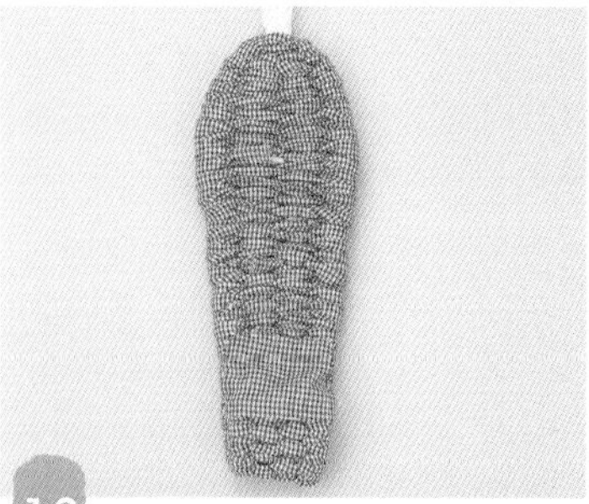

19 かかと付きの台が完成。

20 つま先側のロープを15cm残してカットする。

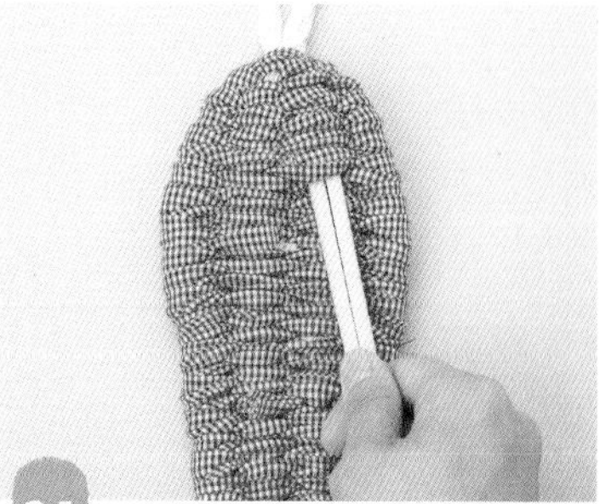

21 わりばしで底側の4 ～ 5段分の編み目を広げ、ゴム通しでロープ1本を通す。

➡カバーをつける

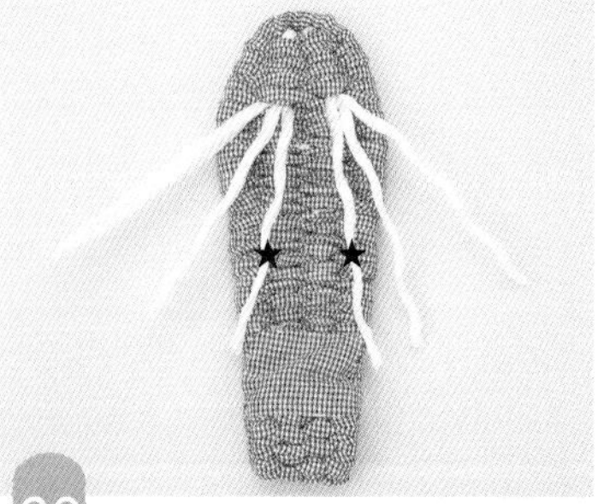

22 残りの1本も同様に通し、ロープのよりをほどいて★印同士を固結びする。

23 結び目から1cm残してロープをカット。外側のロープも余分をカットする。

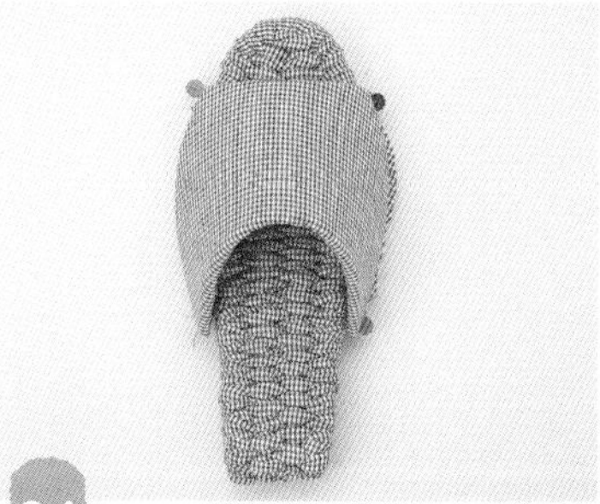

24 つま先の頂点から4cm下の位置にカバーをマチ針で仮どめする。

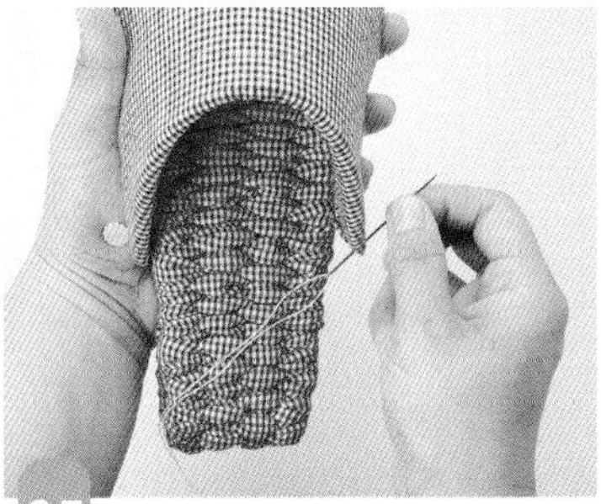

25 カバーを台にコの字縫いで、内側から縫いつけていく。

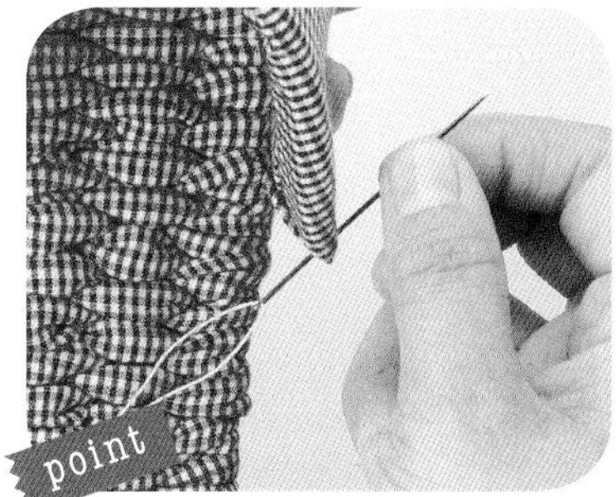

point

履くとき力がかかる部分なので、2針で綴じて玉止めする。

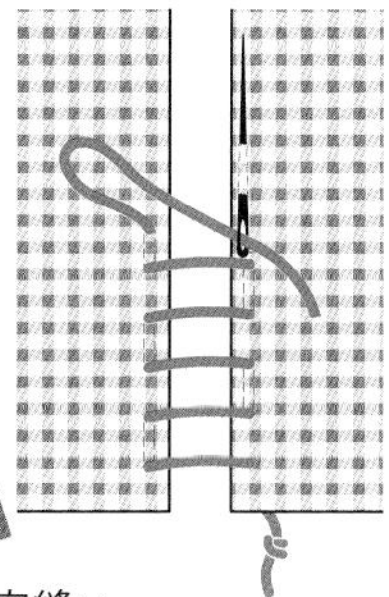

point

コの字縫い
左右の布の端を交互にすくって刺し、縫い綴じていく。

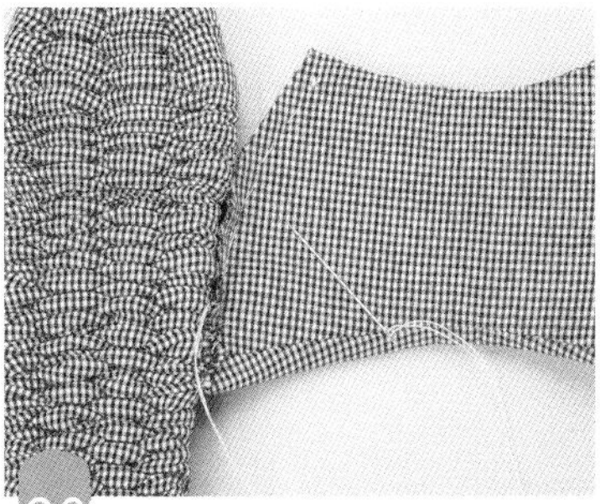

26 3cm縫い、玉止めをする。これを3cm間隔でくり返していく。

27 反対側のサイドも㉕～㉖の手順で縫いつける。

28 カバーの縫い代を内側に入れこんで、布のたるみを取りながら縫いつけていく。

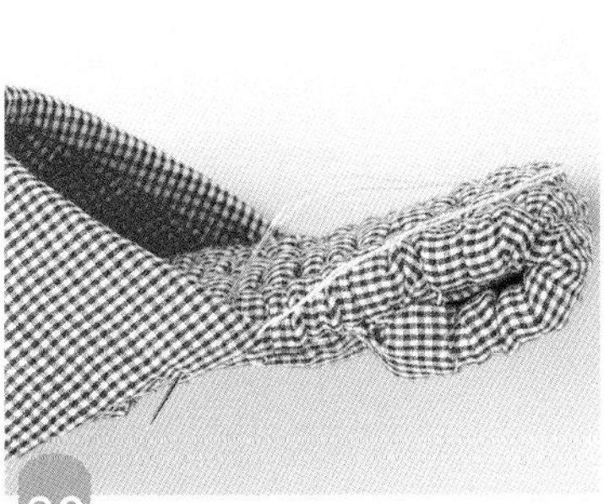

29 縫い終わりはカバーの内側でしっかり玉止めする。

30 できあがり。

作品の作り方 How to make

※作品を別のサイズで作る場合はP35を参照にして材料をご用意ください。
なお、厚手の編みひもの場合は枚数を減らしています。

01 湯上がりタオルぞうりa b

P6の作品

形 ぞうり台＋前つぼ＋筒型鼻緒

素材 タオル（厚手）

サイズ a23.5cm・b15cm

材料【a】編みひも用の布7cm×100cm×12枚、鼻緒用の布7cm×60cm×2枚、前つぼ用の布4cm×30cm×2枚、PPロープ（8mm）：編みひも用200cm×2本、鼻緒用60cm×4本、前つぼ用30cm×1本、ハギレ2枚 【b】編みひも用の布6cm×100cm×6枚、鼻緒用の布6cm×40cm×2枚、前つぼ用の布3cm×25cm×2枚、PPロープ（6mm）：編みひも用150cm×2本、鼻緒用40cm×4本、前つぼ用25cm×1本、ハギレ2枚

※a、bとも厚手のタオルなので芯布は不要。

作り方

1. P37、P39の手順で編みひもと鼻緒を作る。
2. P50の手順でぞうりを編む。

02 ビーチサンダル風ぞうりabc

P7の作品

【a】【b】**形** ぞうり台＋幅広鼻緒

素材 タオル **サイズ** a21cm・b18cm

材料【a】編みひも用の布6cm×100cm×10枚、鼻緒用の布6cm×43cm×4枚、ウレタン3.5cm×18.5cm×4枚、PPロープ（6mm）：編みひも用180cm×2本、鼻緒用50cm×1本、ハギレ2枚 【b】編みひも用の布6cm×100cm×8枚、鼻緒用の布6cm×39cm×4枚、ウレタン3cm×16.5cm×4枚、PPロープ（6mm）：編みひも用150cm×2本、鼻緒用50cm×1本、ハギレ2枚 ※a、bとも厚手のタオルなので芯布は不要。

【c】**形** スリッパ台＋幅広鼻緒

素材 タオル（厚手） **サイズ** 23.5cm

材料 編みひも用の布7cm×100cm×12枚、鼻緒用の布7cm×46cm×4枚、ウレタン4cm×20cm×4枚、PPロープ（6mm）：編みひも用200cm×2本、鼻緒用60cm×1本、ハギレ2枚。厚手のタオルなので芯布は不要。

作り方【a～c共通】

1. P37、P39の手順で編みひもと鼻緒を作る。
2. P51の手順でぞうりを編む。

03 ツートンカラーのシンプルぞうりa b

P8の作品

形 ぞうり台＋筒型鼻緒

素材 パイル（厚手）

サイズ a18cm・b23.5cm

材料【a】編みひも用の布6cm×100cm×8枚、鼻緒用の布6cm×50cm×2枚、PPロープ（6mm）：編みひも用150cm×2本、鼻緒用50cm×4本、ハギレ2枚 【b】編みひも用の布7cm×100cm×12枚、鼻緒用の布7cm×60cm×2枚、PPロープ（8mm）：編みひも用200cm×2本、鼻緒用60cm×4本、ハギレ2枚

※a、bとも厚手のパイルなので芯布は不要。

作り方

1. P37、P39の手順で編みひもと鼻緒を作る。
2. P44～49の手順でぞうりを編む。

04 ストラップ付きベビーぞうり

P9の作品

形 ぞうり台＋幅広鼻緒

素材 パイル **サイズ** 15cm

材料 編みひも用の布6cm×100cm×8枚、鼻緒用の布6cm×35cm×4枚、ウレタン2.5cm×14.5cm×4枚、PPロープ（6mm）：編みひも用150cm×2本、鼻緒用40cm×1本、ハギレ2枚、好みのコサージュ2コ、平ゴム12cm×2本、芯布適宜

作り方

1. P37、P39の手順で編みひもと鼻緒を作る。
2. P51の手順でぞうりを編む。
3. 鼻緒にコサージュを縫いつける。
4. 足を入れて平ゴムの長さを調整し、鼻緒の内側に縫いつける。

05 ダブルガーゼのV字鼻緒ぞうりab

P10の作品

形 ぞうり台＋V字鼻緒

素材 ガーゼ **サイズ** 23.5cm

材料 編みひも用の布7cm×100cm×14枚、鼻緒用の布7cm×60cm×2枚、PPロープ（8mm）：編みひも用200cm×2本、鼻緒用60cm×2本、ハギレ2枚、芯布適宜

作り方

1. P37、P38の手順で編みひもと鼻緒を作る。
2. P44～49の手順でぞうりを編む。

06 やわらかガーゼぞうり

P11の作品

形 ぞうり台＋筒型鼻緒

素材 ガーゼ **サイズ** 23.5cm

材料 編みひも用の布7cm×100cm×14枚、鼻緒用の布7cm×60cm×2枚、PPロープ（8mm）：編みひも用200cm×2本、鼻緒用60cm×4本、ハギレ2枚、芯布適宜

作り方

1. P37、P39の手順で編みひもと鼻緒を作る。
2. P44～49の手順でぞうりを編む。

07 ピンクリボンのおしゃれぞうり

P12の作品

形 ぞうり台＋前つぼ＋筒型鼻緒

素材 鹿の子 **サイズ** 15cm

材料 編みひも用の布6cm×100cm×8枚、鼻緒用の布6cm×40cm×2枚、前つぼ用の布3cm×25cm×2枚、リボン用の布8cm×8cm×2枚、留め布1.5cm×5cm×2枚、PPロープ（6mm）：編みひも用150cm×2本、鼻緒用40cm×4本、前つぼ用25cm×1本、ハギレ2枚、芯布適宜

作り方

1. P37、P39の手順で編みひもと鼻緒を作る。
2. P50の手順でぞうりを編む。

09 フリースのカラフルぞうりa b c

P13の作品

形 ぞうり台＋前つぼ＋筒型鼻緒

素材 フリース

サイズ a18cm・b27cm・c21cm

材料【a】編みひも用の布6cm×100cm×6枚、鼻緒用の布6cm×50cm×2枚、前つぼ用の布3cm×25cm×2枚、PPロープ（6mm）：編みひも用150cm×2本、鼻緒用50cm×4本、前つぼ用25cm×1本、ハギレ2枚 【b】編みひも用の布7cm×100cm×12枚、鼻緒用の布7cm×60cm×2枚、前つぼ用の布4cm×30cm×2枚、PPロープ（8mm）：編みひも用200cm×2本、鼻緒用60cm×4本、前つぼ用30cm×1本、ハギレ2枚 【c】編みひも用の布6cm×100cm×8枚、鼻緒用の布6cm×50cm×2枚、前つぼ用の布4cm×25cm×2枚、PPロープ（6mm）：編みひも用180cm×2本、鼻緒用50cm×4本、前つぼ用25cm×1本、ハギレ2枚

※a～cとも厚手のフリースなので芯布は不要。

作り方

1. P37、P39の手順で編みひもと鼻緒を作る。
2. P50の手順でぞうりを編む。

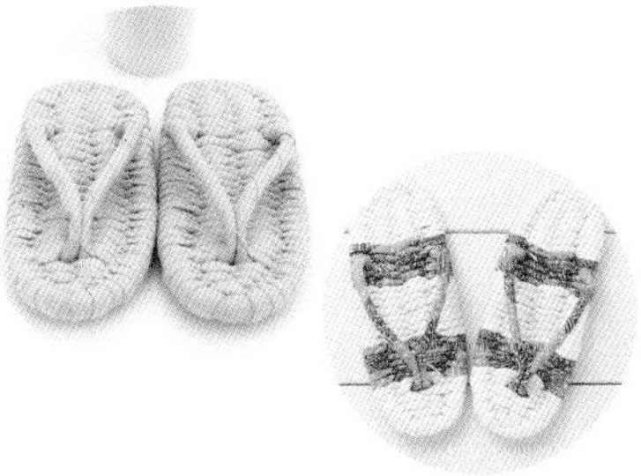

10 オリジナルV字鼻緒の布ぞうり

P14の作品

形 ぞうり台+V字鼻緒

素材 木綿 **サイズ** 23.5cm

材料 編みひも用の布7cm×100cm×14枚、鼻緒用の布7cm×60cm×2枚、PPロープ（8mm）：編みひも用200cm×2本、鼻緒用60cm×2本、ハギレ2枚、芯布適宜

作り方

1. P37、P38の手順で編みひもと鼻緒を作る。
2. P44～49の手順でぞうりを編む。

12 ペア・ペア布ぞうりabcd

P15の作品

形 aぞうり台十筒型鼻緒　bぞうり台+V字鼻緒　cスリッパ台+V字鼻緒　dスリッパ台+筒型鼻緒

素材 木綿 **サイズ** 各23.5cm

材料 【a～d共通】

編みひも用の布7cm×100cm×14枚、鼻緒用の布7cm×60cm×2枚、PPロープ（8mm）：編みひも用200cm×2本、ハギレ2枚、芯布適宜

【a】【d】PPロープ（8mm）：鼻緒用60cm×4本

【b】【c】PPロープ（8mm）：鼻緒用60cm×2本

作り方【a】【b】

1. P37、P38（a）、P39（b）の手順で編みひもと鼻緒を作る。
2. P44～49の手順でぞうりを編む。

作り方【c】【d】

1. P37、P38（c）、P39（d）の手順で編みひもと鼻緒を作る。
2. P53⑧～54㉓の手順でスリッパを編む。P53⑧の途中で、P46㉕～49(58)を参照にして鼻緒をつける。

13 チェックの木綿ぞうり

P16の作品

形 ぞうり台+V字鼻緒

素材 木綿 **サイズ** 23.5cm

材料 編みひも用の布7cm×100cm×14枚、鼻緒用の布7cm×60cm×2枚、PPロープ（8mm）：編みひも用200cm×2本、鼻緒用60cm×2本、ハギレ2枚、芯布適宜

作り方

1. P37、P38の手順で編みひもと鼻緒を作る。
2. P44～49の手順でぞうりを編む。

14 2色使いの木綿ぞうり

P16の作品

形 ぞうり台+V字鼻緒

素材 木綿 **サイズ** 23.5cm

材料 編みひも用の布7cm×100cm×14枚（ピンク10枚、紫柄4枚）、鼻緒用の布7cm×60cm×2枚、PPロープ（8mm）：編みひも用200cm×2本、鼻緒用60cm×2本、ハギレ2枚、芯布適宜

作り方

1. P37、P38の手順で編みひもと鼻緒を作る。
2. P44～49の手順でぞうりを編む。

編み順：ピンク5.5cm→紫柄3cm→ピンク5cm→紫柄3cm→ピンク7cm

15 スリッパ風かかと付き布ぞうり

P17の作品

形 スリッパ台+V字鼻緒

素材 木綿 **サイズ** 23.5cm

材料 編みひも用の布7cm×100cm×14枚（小柄4枚、中柄2枚、大柄8枚）、鼻緒用の布7cm×60cm×2枚、PPロープ（8mm）：編みひも用200cm×2本、鼻緒用60cm×2本、ハギレ2枚、芯布適宜

作り方

1. P37、P38の手順で編みひもと鼻緒を作る。
2. P53⑧～54㉓の手順でスリッパを編む。P53⑧の途中で、P46㉕～49(58)を参照にして鼻緒をつける。

編み順：小柄9cm→大柄6cm→中柄5cm→大柄3.5cm→大柄6cm（かかとの厚み）

17 子ども服ミックスぞうりab

P19の作品

形 aぞうり台+前つぼ+筒型鼻緒　bぞうり台+V字鼻緒

素材 木綿 **サイズ** 各18cm

材料 【a、b共通】編みひも用の布6cm×100cm×10枚、鼻緒用の布6cm×50cm×2枚、PPロープ（6mm）：編みひも用150cm×2本、ハギレ2枚、芯布適宜

※編みひもと鼻緒は子ども用のシャツやTシャツをP40の手順で裁断、必要分を用意し、好みの位置で継ぎ足して使用。

【a】前つぼ用の布3cm×25cm×2枚、PPロープ（6mm）：鼻緒用50cm×4本、前つぼ用30cm×1本　【b】PPロープ（6mm）：鼻緒用50cm×2本

作り方【a】

1. P37、P39の手順で編みひもと鼻緒を作る。
2. P50の手順でぞうりを編む。

作り方【b】

1. P37、P38の手順で編みひもと鼻緒を作る。
2. P44～49の手順でぞうりを編む。

18 太鼻緒の姉妹ぞうりab

P20の作品

【a】**形** ぞうり台+筒型鼻緒

素材 正絹 **サイズ** 21cm

材料 編みひも用の布6cm×100cm×12枚、鼻緒用の布6cm×50cm×2枚、PPロープ（6mm）：編みひも用180cm×2本、鼻緒用50cm×4本、ハギレ2枚、芯布適宜

※編みひもと鼻緒は着物をP43の手順で裁断し、必要分を用意。

作り方

1. P37、P39の手順で編みひもと鼻緒を作る。
2. P44～49の手順でぞうりを編む。

【b】**形** ぞうり台+前つぼ+筒型鼻緒

素材 正絹 **サイズ** 15cm

材料 編みひも用の布6cm×100cm×8枚、鼻緒用の布6cm×40cm×2枚、前つぼ用の布3cm×25cm×2枚、PPロープ（6mm）：編みひも用150cm×2本、鼻緒用40cm×4本、前つぼ用25cm×1本、ハギレ2枚、芯布適宜

※編みひもと鼻緒は着物をP43の手順で裁断し、必要分を用意。

作り方

1. P37、P39の手順で編みひもと鼻緒を作る。
2. P50の手順でぞうりを編む。

19 思い出の着物ぞうりab

P21の作品

形 aぞうり台+前つぼ+筒型鼻緒　bぞうり台+V字鼻緒

素材 正絹 **サイズ** 各23.5cm

材料 【a、b共通】編みひも用の布7cm×100cm×14枚、鼻緒用の布7cm×60cm×2枚、PPロープ（8mm）：編みひも用200cm×2本、ハギレ2枚、芯布適宜

※編みひもと鼻緒は着物をP43の手順で裁断し、必要分を用意。

【a】前つぼ用の布4cm×30cm×2枚、PPロープ（8mm）：鼻緒用60cm×4本、前つぼ用30cm×1本　【b】PPロープ（8mm）：鼻緒用60cm×2本

作り方【a】

1. P37、P39の手順で編みひもと鼻緒を作る。
2. P50の手順でぞうりを編む。

作り方【b】

1. P37、P38の手順で編みひもと鼻緒を作る。鼻緒は片側をぐし縫いして片側にギャザーを寄せ、60cmの長さにする。
2. P44～49の手順でぞうりを編む。

20 親子ペアのデニムぞうりab

P22の作品

形 ぞうり台＋前つぼ＋筒型鼻緒

素材 デニム（厚手）

サイズ a23.5cm・b15cm

材料 【a】編みひも用の布：紺7cm×100cm×8枚、赤7cm×100cm×4枚、鼻緒用の布7cm×60cm×2枚、前つぼ用の布4cm×30cm×2枚、PPロープ（8mm）：編みひも用200cm×2本、鼻緒用60cm×4本、前つぼ用30cm×1本、ハギレ2枚

【b】編みひも用の布：紺6cm×100cm×2枚、赤6cm×100cm×4枚、鼻緒用の布6cm×40cm×2枚、前つぼ用の布3cm×25cm×2枚、PPロープ（8mm）：編みひも用150cm×2本、鼻緒用40cm×4本、前つぼ用25cm×1本、ハギレ2枚

※a、bともに厚手のデニムなので芯布は不要。※編みひもと鼻緒は紺地と赤地のデニムをP41の手順で裁断し、必要分を用意。

作り方

1. P37、P39の手順で編みひもと鼻緒を作る。
2. P50の手順でぞうりを編む。

編み順

【a】紺6cm→赤4.5cm→紺4.5cm→赤4cm→紺4.5cm

【b】赤4cm→紺2.5cm→赤2.5cm→紺2.5cm→赤3.5cm

21 かかと付きデニムぞうりab

P23の作品

【a】**形** スリッパ台＋V字鼻緒

素材 デニム（厚手） **サイズ** 27cm

材料 編みひも用の布7cm×100cm×14枚、鼻緒用の布7cm×60cm×2枚、PPロープ（8mm）：編みひも用200cm×2本、鼻緒用60cm×2本、ハギレ2枚。厚手のデニムなので芯布は不要。

作り方

1. P37、P38の手順で編みひもと鼻緒を作る。
2. P53⑧～54㉓の手順でスリッパを編む。P53⑧の途中で、P46㉕～49(58)を参照にして鼻緒をつける。

【b】**形** スリッパ台＋前つぼ＋筒型鼻緒

素材 デニム（厚手） **サイズ** 18cm

材料 編みひも用の布6cm×100cm×8枚、鼻緒用の布6cm×50cm×2枚、前つぼ用の布3cm×25cm×2枚、PPロープ（6mm）：編みひも用150cm×2本、鼻緒用50cm×4本、前つぼ用25cm×1本、ハギレ2枚。厚手のデニムなので芯布は不要。

作り方

1. P37、P39の手順で編みひもと鼻緒を作る。
2. P53⑧～54㉓の手順でスリッパを編む。P53⑧の途中で、P50を参照にして鼻緒をつける。

22 どっしりMen'sぞうり

P24の作品

形 ぞうり台＋前つぼ＋筒型鼻緒

素材 ワッフル **サイズ** 27cm

材料 編みひも用の布：緑7cm×50cm×16枚、青7cm×50cm×6枚、茶7cm×50cm×6枚、赤7cm×50cm×4枚、鼻緒用の布7cm×60cm×2枚、前つぼ用の布4cm×30cm×2枚、PPロープ（8mm）：編みひも用200cm×2本、鼻緒用60cm×4本、前つぼ用30cm×1本、ハギレ2枚、芯布適宜

※編みひもと鼻緒は大判ランチョンマット（46cm×53cm）を6枚使用し、P42フェイスタオルの手順で裁断し、必要分を用意。鼻緒はみみを利用。

作り方

1. P37、P39の手順で編みひもと鼻緒を作る。
2. P50の手順でぞうりを編む。

編み順：緑6cm→青2cm→茶2cm→赤2cm→青2cm→緑2cm→茶2cm→赤2cm→茶2cm→青2cm→緑3cm

23 ちりめん鼻緒のぞうり

P25の作品

形 ぞうり台＋前つぼ＋筒型鼻緒

素材 ワッフル **サイズ** 23.5cm

材料 編みひも用の布7cm×100cm×12枚、鼻緒用の布7cm×60cm×2枚、前つぼ用の布4cm×30cm×2枚、PPロープ（8mm）：編みひも用200cm×2本、鼻緒用60cm×4本、前つぼ用30cm×1本、ハギレ2枚。厚手のワッフルなので芯布は不要。

作り方

1. P37、P39の手順で編みひもと鼻緒を作る。
2. P50の手順でぞうりを編む。

24 フラワー麻ぞうり

P26の作品

形 ぞうり台＋V字鼻緒

素材 ぞうり台&りぼん:麻 鼻緒:デニム

サイズ 23.5cm

材料 編みひも用の布7cm×100cm×14枚、鼻緒用の布7cm×60cm×2枚、リボン用の布3cm×12cm×2枚、留め布2cm×4cm×2枚、PPロープ（8mm）：編みひも用200cm×2本、鼻緒用60cm×2本、ハギレ2枚、芯布適宜

作り方

1. P37、P38の手順で編みひもと鼻緒を作る。
2. P44～49の手順でぞうりを編む。
3. リボン用の布を横に三つ折りし、両端を中心に折りこむ。

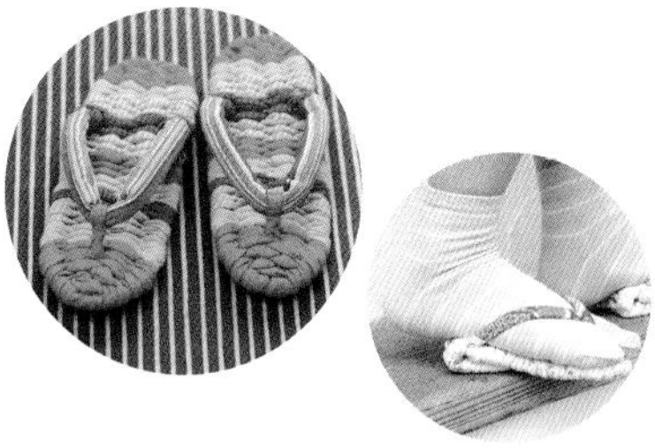

4. 留め布の上下を中心に折りこみ、リボンのセンターに巻き、裏側で縫いとじる。
5. リボンを前緒から2.5cm上の位置に縫いつける。

25 ダイエット布ぞうり

P27の作品

形 ぞうり台＋V字鼻緒

素材 木綿

サイズ 17cm（幅は23.5cm用）

材料 編みひも用の布7cm×100cm×14枚、鼻緒用の布7cm×60cm×2枚、PPロープ（8mm）：編みひも用200cm×2本、鼻緒用60cm×2本、ハギレ2枚、芯布適宜

※型紙は23.5cmを使用。

作り方

1. P37、P38の手順で編みひもと鼻緒を作る。
2. P44～49の手順でぞうりを編む。鼻緒の後ろ穴はつま先から15cmの位置にする。
3. つま先から17cmの位置で台を底側に折り、糸で縫い合わせる。

26 カバーで遊ぶタオルスリッパabcde

P28の作品

【a】【c】【e】

形 スリッパ **素材** タオル（厚手）

サイズ a27cm・c21cm・e23.5cm

材料 【a】編みひも用の布7cm×100cm×14枚、カバー用の布：表19cm×22cm×2枚、裏：18cm×22cm×2枚、ウレタン14cm×18cm×2枚、PPロープ（8mm）：編みひも用200cm×2本、ハギレ2枚。

【c】編みひも用の布6cm×100cm×10枚、カバー用の布：表15cm×21cm×2枚、裏：14cm×21cm×2枚、ウレタン10cm×17cm×2枚、PPロープ（6mm）：編みひも用180cm×2本、ハギレ2枚。【e】編みひも用の布7cm×100cm×12枚、カバー用の布：表17cm×22cm×2枚、裏：16cm×22cm×2枚、ウレタン12cm×18cm×2枚、PPロープ（8mm）：編みひも用200cm×2本、ハギレ2枚。

※a、c、eとも厚手のタオルなので芯布は不要。※編みひもと鼻緒はバスタオルやタオルをP42フェイスタオルの手順で裁断し、必要分を用意。

作り方

1.P37の手順で編みひもを作る。
2.P52～55の手順でスリッパを編む。

【b】【d】

形 ぞうり台＋カバー **素材** タオル（厚手） **サイズ** b18cm・d15cm

材料 【b】編みひも用の布6cm×100cm×8枚、カバー用の布：表14cm×20cm×2枚、裏：13cm×20cm×2枚、ウレタン9cm×16cm×2枚、PPロープ（6mm）：編みひも用150cm×2本、ハギレ2枚。 【d】編みひも用の布6cm×100cm×6枚、カバー用の布：表13cm×19cm×2枚、裏：12cm×19cm×2枚、ウレタン8cm×15cm×2枚、PPロープ（6mm）：編みひも用150cm×2本、ハギレ2枚。

※b、dとも厚手のタオルなので芯布は不要。

※編みひもと鼻緒はバスタオルやタオルをP42の手順で裁断し、必要分を用意。

作り方

1. P37の手順で編みひもを作る。
2. P52①～P53⑦の手順でカバーを作る。
3. P44①～P46㉔、P47㊱～48㊹の手順でぞうりを編む。
4. P54㉔～P55㉚の手順でカバーをつける。

27 小判型ジュニアスリッパ

P29の作品

形 ぞうり台＋カバー

素材 ぞうり台：パイル（厚手）
カバー：天竺木綿 **サイズ** 18cm

材料 編みひも用の布6cm×100cm×8枚、カバー用の布：表14cm×20cm×2枚、裏：13cm×20cm×2枚、ウレタン9cm×16cm×2枚、リボン用の布6cm×10cm×2枚、パール（2mm）8個、PPロープ（6mm）：編みひも用150cm×2本、ハギレ2枚。厚手のパイルなので芯布は不要。

作り方

1.P37の手順で編みひもを作る。
2.P52①～53⑦の手順でカバーを作る。
3.P44①～46㉔、P47㊱～48㊹の手順でぞうりを編む。
4.P54㉔～55㉚の手順でカバーをつける。
5.リボン用の布を中表にして筒状にぐし縫いし、表に返す。
6.両端を内側に折りこんで縫いとじる。
7.中心を縫い縮めてふくらみを出し、パールを4個ずつ両鼻緒につける。

28 お客さまスリッパ

P29の作品

形 スリッパ **素材** 台：ジャカード
カバー：サッカー **サイズ** 23.5cm

材料 編みひも用の布7cm×100cm×14枚、カバー用の布：表17cm×22cm×2枚、裏：16cm×22cm×2枚、ウレタン12cm×18cm×2枚、PPロープ（8mm）：編みひも用200cm×2本、ハギレ2枚、芯布適宜

作り方

1.P37の手順で編みひもを作る。
2.P52～55の手順でスリッパを編む。

29 Tシャツスリッパ

P30の作品

形 ぞうり台＋カバー

素材 木綿 **サイズ** 18cm

材料 編みひも用の布6cm×100cm×10枚、カバー用の布：表14cm×20cm×2枚、裏：13cm×20cm×2枚、ウレタン9cm×16cm×2枚、星形のアイロンアップリケ6枚、刺しゅう糸：黄、白各適宜、PPロープ（6mm）：編みひも用150cm×2本、ハギレ2枚、芯布適宜

※編みひもとカバーは子ども用のTシャツをP40の手順で裁断、必要分を用意し、編みひもは好みの位置で継ぎ足し、カバーは無地部分を使用。

作り方

1.P37の手順で編みひもを作る。
2.P52①～53⑦の手順でカバーを作る。P52③の前に、表布にアップリケをつけてステッチ刺しゅうをする。
3.P44①～46㉔、P47㊱～48㊹の手順でぞうりを編む。
4.P54㉔～55㉚の手順でカバーをつける。

30 コットンスリッパ

P30の作品

形 ぞうり台＋カバー

素材 木綿 **サイズ** 15cm

材料 編みひも用の布6cm×100cm×8枚、カバー用の布：表13cm×19cm×2枚、裏：12cm×19cm×2枚、ウレタン8cm×15cm×2枚、PPロープ（6mm）：編みひも用150cm×2本、ハギレ2枚、芯布適宜

作り方

1.P37の手順で編みひもを作る。
2.P52①～P53⑦の手順でカバーを作る。
3.P44①～P46㉔、P47㊱～48㊹の手順でぞうりを編む。
4.P54㉔～P55㉚の手順でカバーをつける。

31 アップリケ・スリッパ

P31の作品

形 ぞうり台＋カバー

素材 パイル **サイズ** 15cm

材料 編みひも用の布6cm×100cm×8枚、カバー用の布：表13cm×19cm×2枚、裏：12cm×19cm×2枚、ウレタン8cm×15cm×2枚、イチゴ型のアイロンアップリケ6枚、平ゴム12cm×2本、PPロープ（6mm）：編みひも用150cm×2本、ハギレ2枚、芯布適宜

作り方

1.P37の手順で編みひもを作る。
2.P52①～53⑦の手順でカバーを作る。P52③の前に、表布にアップリケをつけてステッチ刺しゅうをする。
3.P44①～P46㉔、P47㊱～48㊹の手順でぞうりを編む。
4.P54㉔～55㉚の手順でカバーをつける。
5.足を入れて平ゴムの長さを調整し、鼻緒に内側に縫いつける。

32 シルクのゲストスリッパa b c

P32の作品

形 スリッパ **素材** シルク

サイズ a27cm・b、c23.5cm

材料 【a】編みひも用の布：ネクタイ地7cm×100cm×14枚、木綿地7cm×50cm×4枚、カバー用の布:表19cm×22cm×2枚、裏:18cm×22cm×2枚、ウレタン14cm×18cm×2枚、PPロープ(8mm)：編みひも用200cm×2本、ハギレ2枚、芯布適宜

【b】【c】編みひも用の布：ネクタイ地7cm×100cm×12枚、木綿地7cm×50cm×4枚、カバー用の布：表17cm×22cm×2枚、裏：16cm×22cm×2枚、ウレタン12cm×18cm×2枚、PPロープ（8mm）：編みひも用200cm×2本、ハギレ2枚、芯布適宜

※編みひもとカバーはネクタイをP42のネクタイの手順で裁断、必要分を用意。23.5cmサイズの目安は編みひも用7本、カバー用1本。

作り方

1.P37の手順で編みひもを作る。
2.P52～55の手順でスリッパを編む。カバー下とかかとは滑り止め用の木綿の編みひもで編む。

33 思い出の和柄スリッパa b c d

P33の作品

形 スリッパ

素材 a、b銘仙（正絹） c浴衣（木綿）
dウール

サイズ a、b、d23.5cm・c27cm

材料 【a】【b】【d】編みひも用の布：着物地7cm×100cm×12枚、木綿地7cm×50cm×4枚、カバー用の布：表17cm×22cm×2枚、裏：16cm×22cm×2枚、ウレタン12cm×18cm×2枚、PPロープ（8mm）：編みひも用200cm×2本、ハギレ2枚、芯布・適宜。

【c】編みひも用の布:7cm×100cm×16枚、カバー用の布:表19cm×22cm×2枚、裏:18cm×22cm×2枚、ウレタン14cm×18cm×2枚、PPロープ（8mm）：編みひも用200cm×2本、ハギレ2枚、芯布適宜

※編みひもとカバーは着物をP43の手順で裁断し、必要分を用意。

作り方

1.P37の手順で編みひもを作る。
2.P52～55の手順でスリッパを編む。カバー下とかかとは滑り止め用の木綿の編みひもで編む。

作品の作り方 How to make

08 ふかふかファーぞうり

12ページの作品

形 ぞうり台+前つぼ+リボン鼻緒
素材 フェイクファー
サイズ 23.5cm
材料 編みひも用の布7cm×100cm×12枚、鼻緒用の布・表15cm×35cm×2枚、裏13cm×35cm、前つぼ用の布5cm×30cm×2枚、チュールレース13cm×35cm×2枚、PPロープ（8mm）：編みひも用200cm×2本、前つぼ用30cm×1本、ハギレ2枚。厚手の布なので芯布は不要。

1. P37の手順で編みひもを作る。P44①～46㉔、P47㊱～48㊹の手順でぞうりを編む。

2. リボン鼻緒を作る。

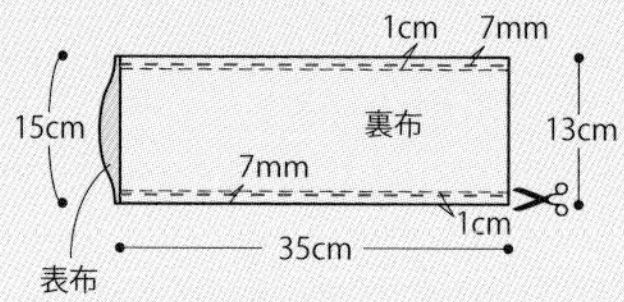

布を中表にして上辺と下辺をぐし縫い。縫い代を7mm残してカット。

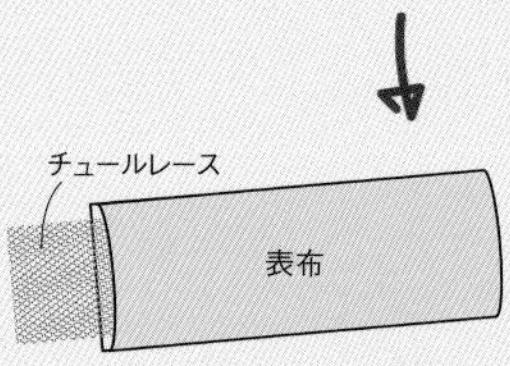

布を表に返してチュールレースを入れる。

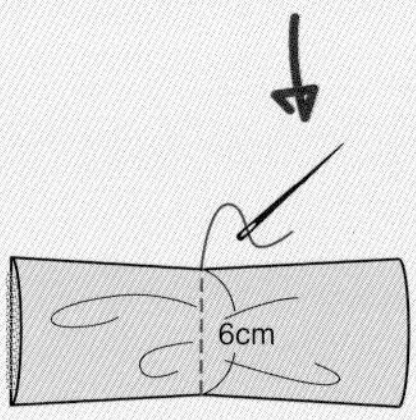

中心を縫い縮めてふくらみを出す。

3. リボン鼻緒を台に押しこむ。

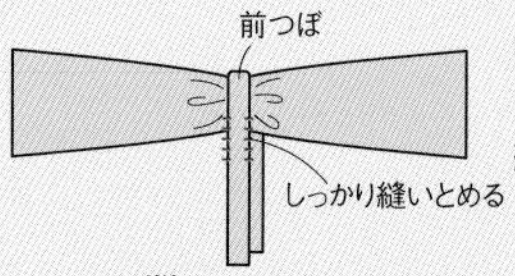

P50を参照に前つぼを作り、鼻緒に縫いとめる。

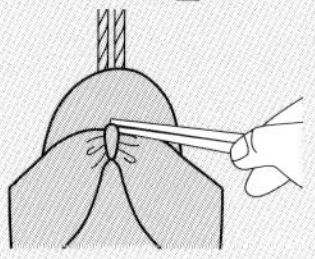

編み目に鼻緒を押しこみ、底を仕上げる。

4. 側面と底に縫いつける。

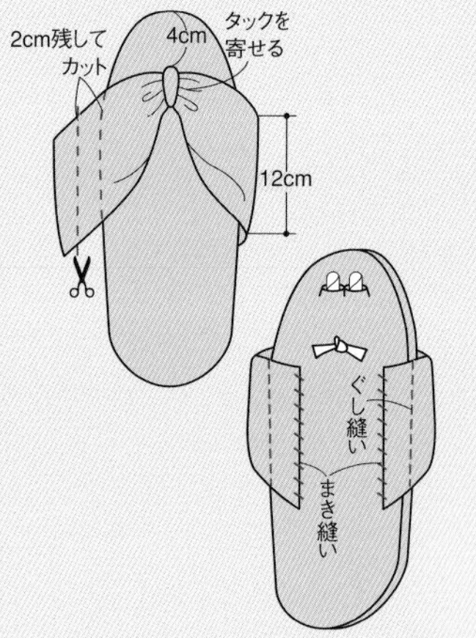

11 パイピング鼻緒の布ぞうり

14ページの作品

形 ぞうり台+V字鼻緒
素材 木綿 **サイズ** 23.5cm
材料 編みひも用の布7cm×100cm×14枚、鼻緒用の布7cm×60cm×2枚、パイピング用の布4cm×60cm×2枚、PPロープ(8mm)：編みひも用200cm×2本、鼻緒用60cm×2本、ハギレ2枚。厚手の布なので芯布は不要。

1. 鼻緒とパイピングの布を準備する。

上辺にボンドをつけて3分の1折り返す。折り目にボンドをつける。

中表にしてボンドで貼り合わせる。

2. 鼻緒の布にパイピングの布を貼る。

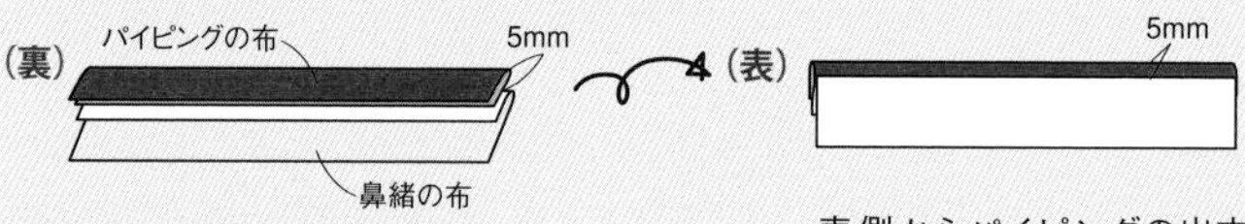

パイピングの布が5mmほど上辺から出るように貼る。

表側からパイピングの出方を確認する。

3. P38の手順でPPロープを巻く。

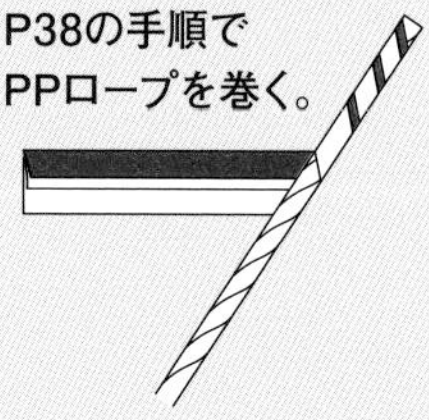

4. P37の手順で編みひもを作る。P44～49の手順でぞうりを編む。

16 おしゃれ鼻緒のお揃いぞうり【a】

18ページの作品

形 スリッパ台+V字鼻緒
素材 木綿 **サイズ** 18cm
材料 編みひも用の布6cm×100cm×10枚、鼻緒用の布6cm×50cm×2枚、ミニリボン用の布8cm×14cm×2枚、PPロープ(6mm):編みひも用150cm×2本、鼻緒用50cm×2本、パールビーズ(5mm)2コ、ハギレ2枚、芯布適宜

1. 作品21a(P58)と同様にスリッパ台のぞうりを編む。

2. ミニリボンを作る。

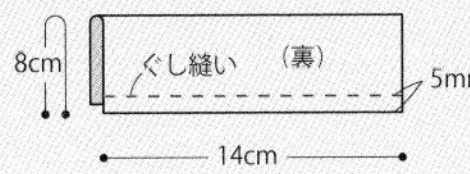

布を中表にしてぐし縫い。

タックの中心にパールビーズをつける。

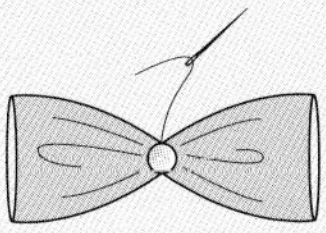

表に返し、中心を縫い縮めてふくらみを出す。

3. リボンをつける

足を入れてリボンのアーチの角度を決め、マチ針で仮止め。

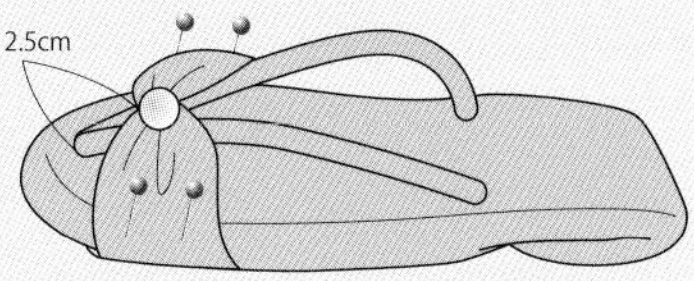

前緒から2.5cmの位置にリボンの中心を縫いつける。

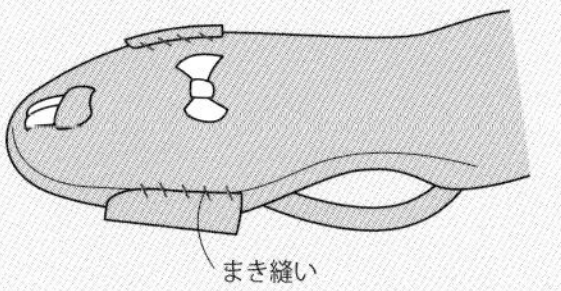

リボンを折りこみ、側面と底に縫いつける。

16 おしゃれ鼻緒のお揃いぞうり【b】

18ページの作品

形 スリッパ台+3本鼻緒
素材 木綿 **サイズ** 23.5cm
材料 編みひも用の布7cm×100cm×14枚、鼻緒用の布4cm×50cm×6枚、PPロープ(8mm):編みひも用200cm×2本、鼻緒用60cm×2本、ハギレ2枚、芯布適宜

1. P37の手順で編みひもを作る。P52～55の手順でスリッパを編む。

2. 3本鼻緒を作る。

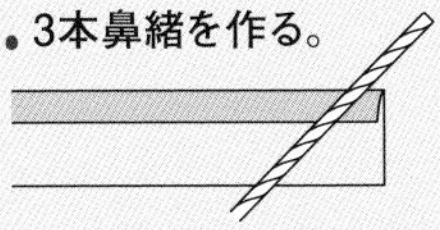

ロープのよりをほどき、3本の細い芯にしてV字鼻緒を3本作る。

3. 3本の鼻緒を並べて中心を縫いとじる。

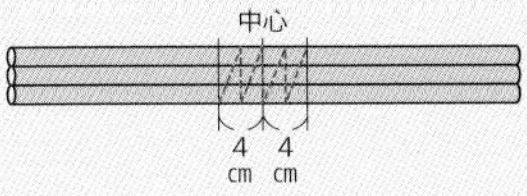

4. 鼻緒の中心を編み目に押しこみ、つま先の処理をする(P46参照)。

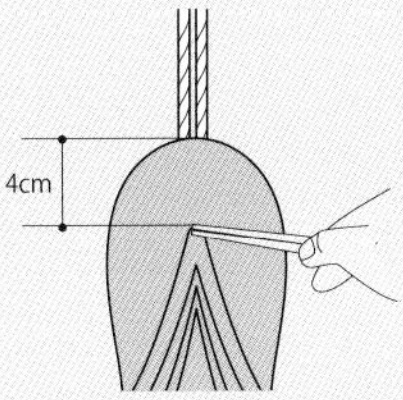

5. 鼻緒をV字に縫いつける。

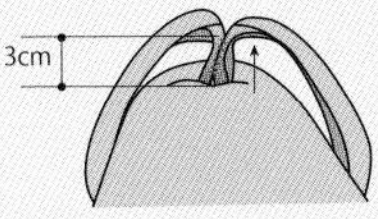

前緒の内側を根元から3cm上まで縫う。

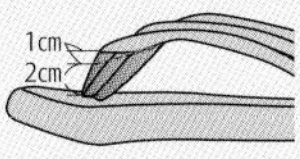

前緒の側面を斜め下に1cm縫い下げる。

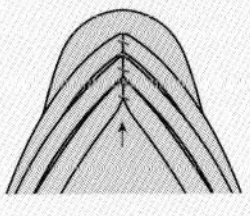

外側に糸が見えないように内側の鼻緒から縫いとじる。

6. 足を入れてアーチの角度を決め、内側、外側、真ん中の順に鼻緒を縫いつける。

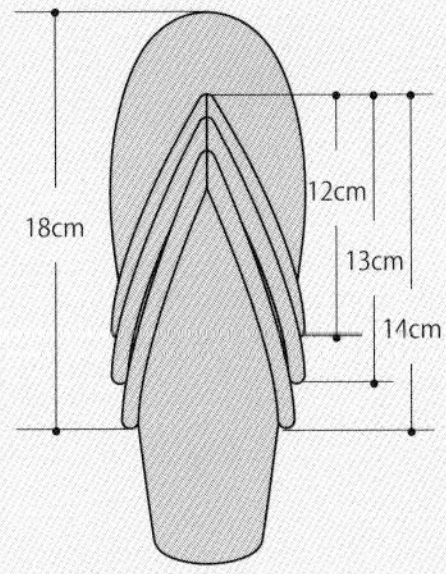

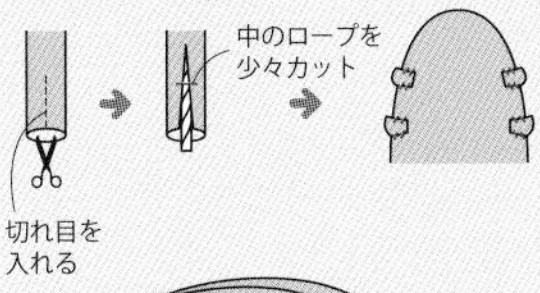

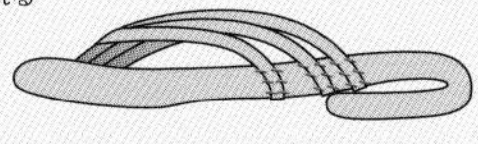

側面を縫いつけてから底に折りこみ、まき縫いする。

27cmサイズの型紙

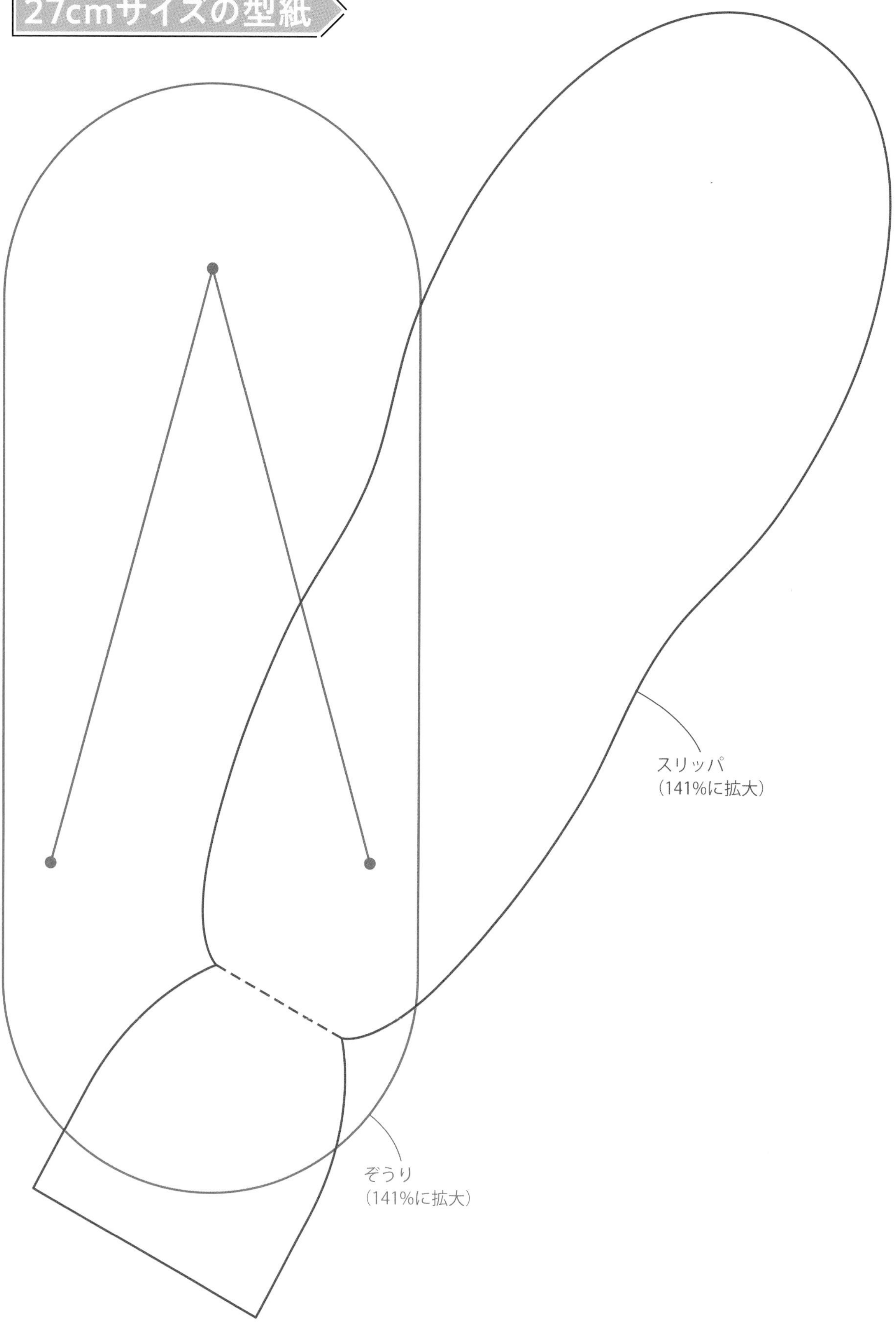

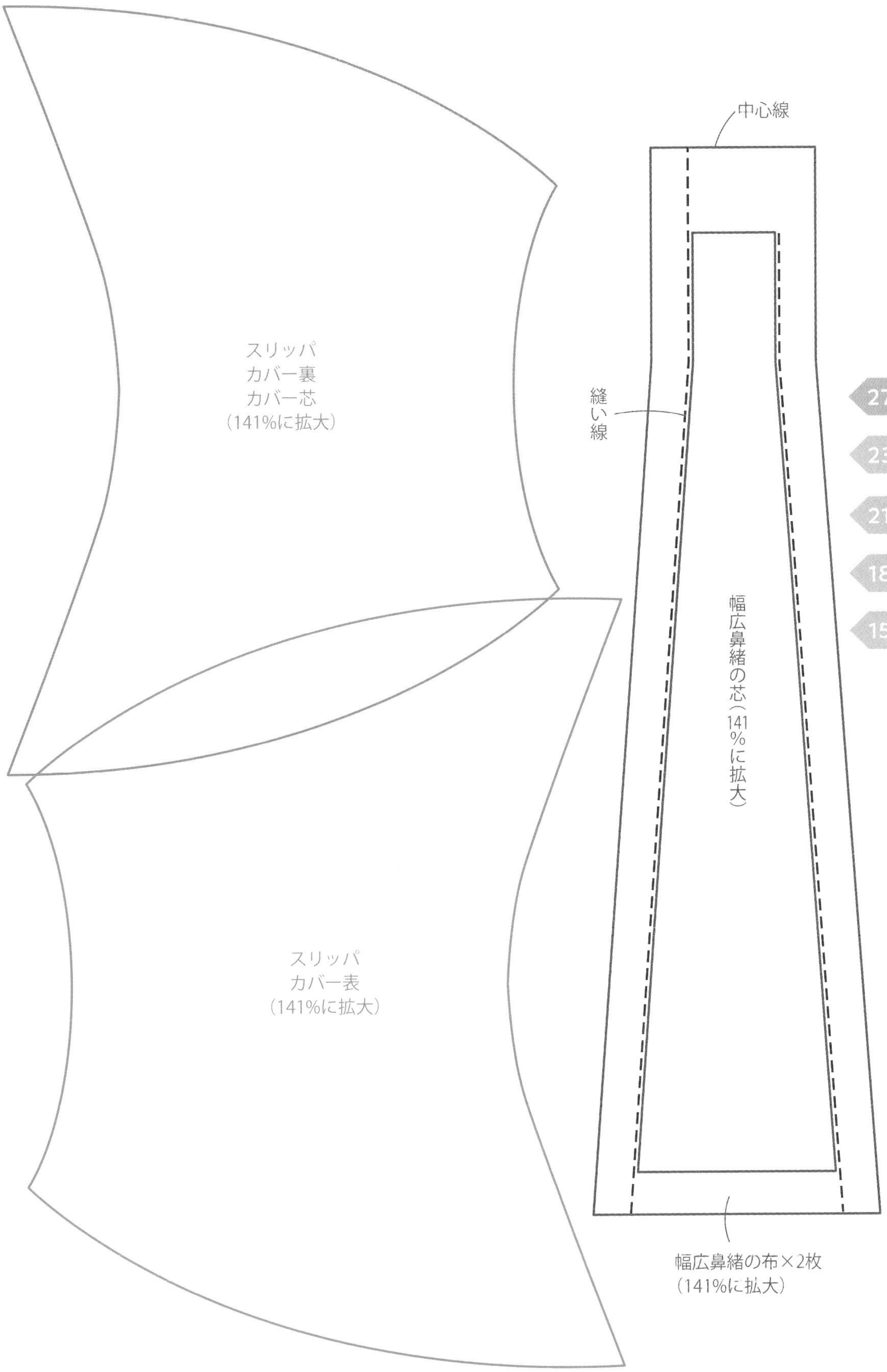

27cm
23.5cm
21cm
18cm
15cm

23.5cmサイズの型紙

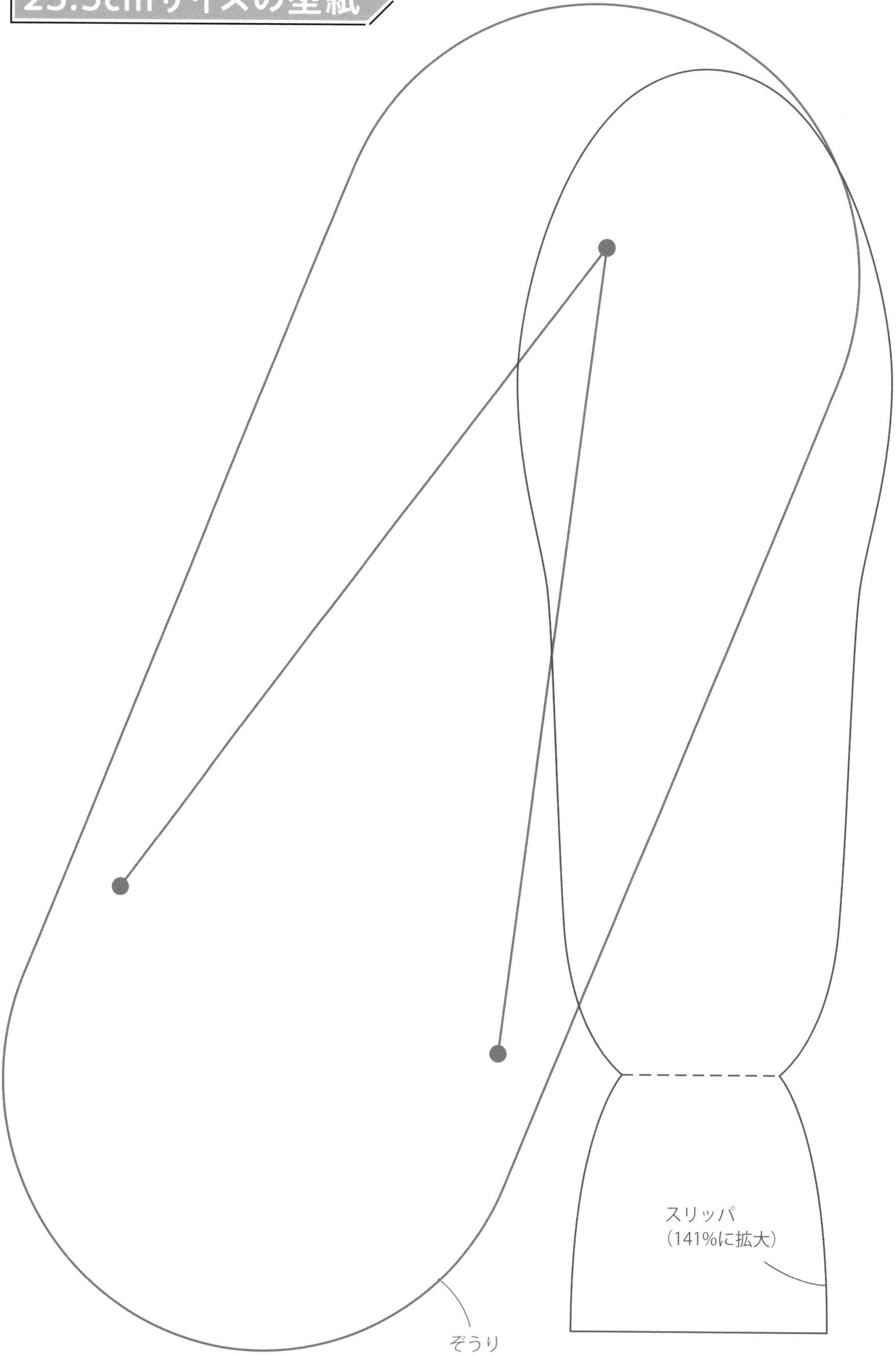

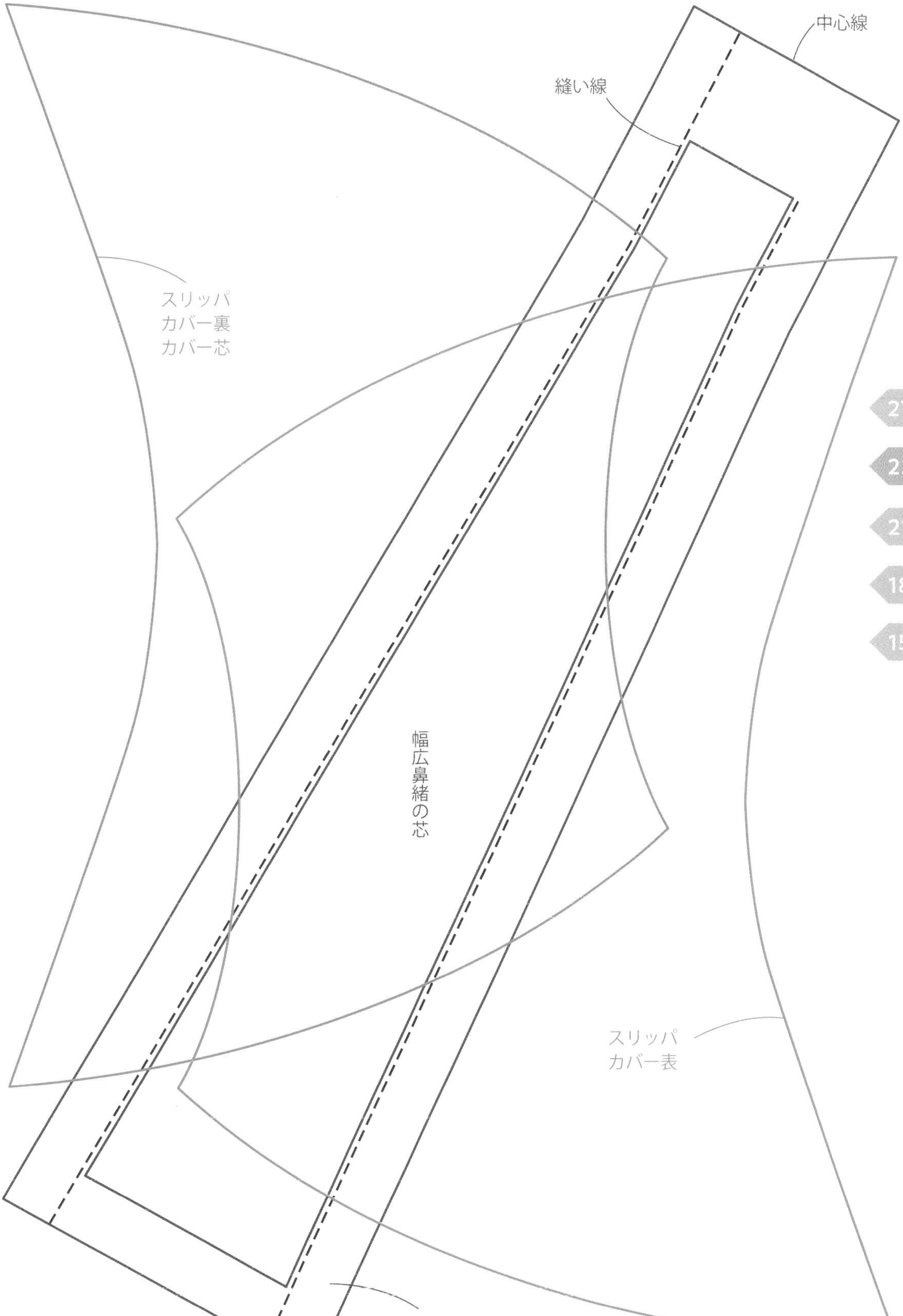

27cm
23.5cm
21cm
18cm
15cm

21cmサイズの型紙

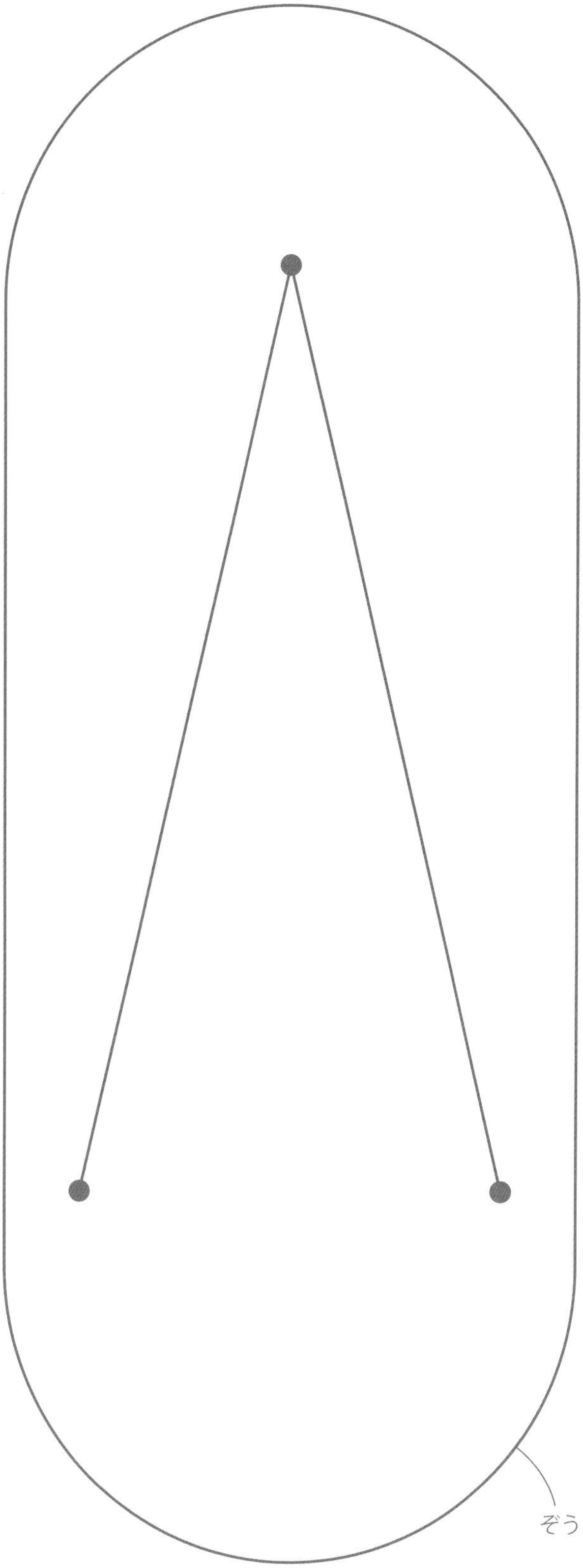

ぞうり

スリッパ
（141%に拡大）

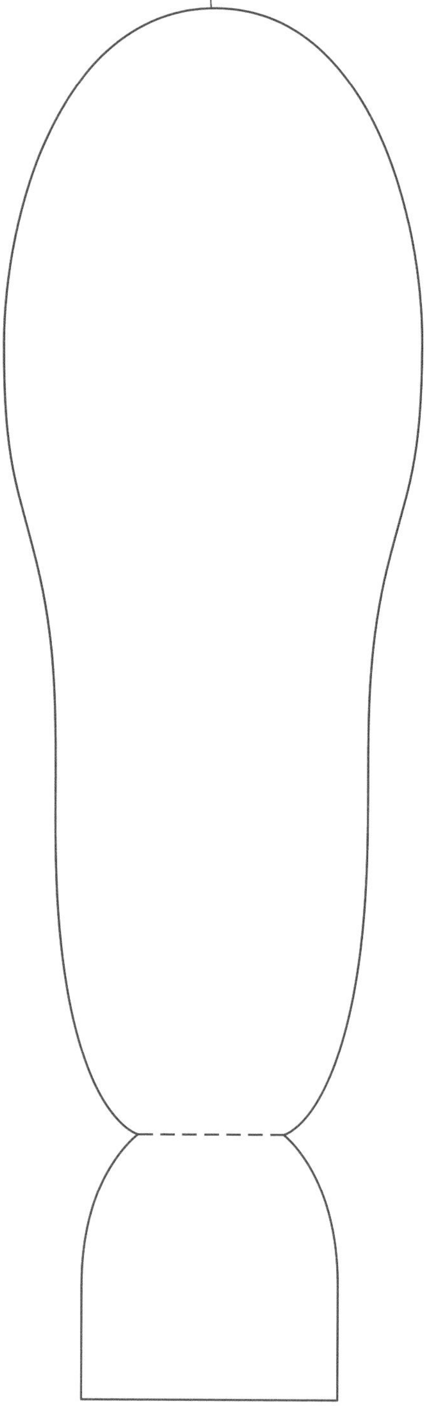

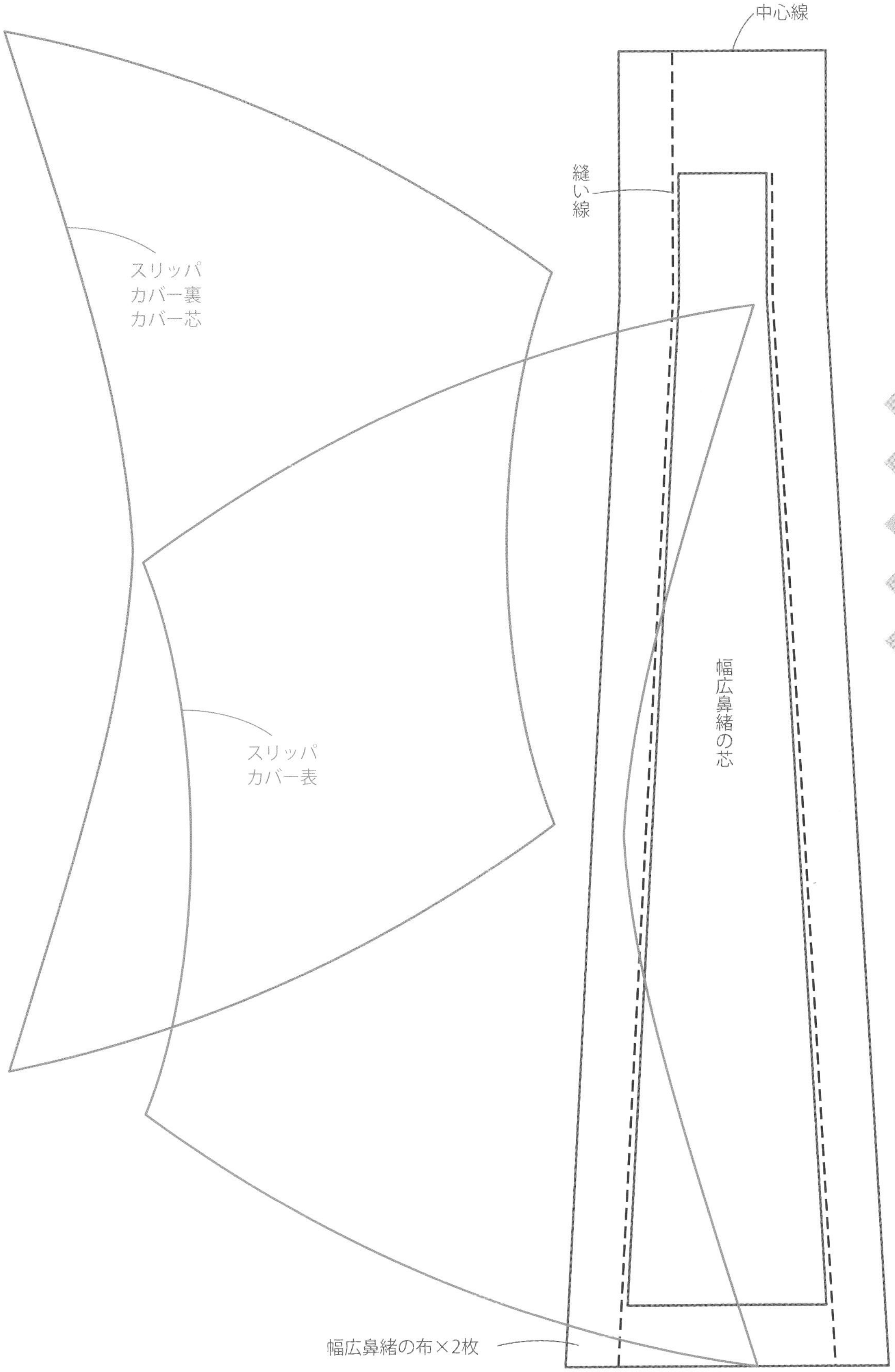

27cm
23.5cm
21cm
18cm
15cm

18cmサイズの型紙

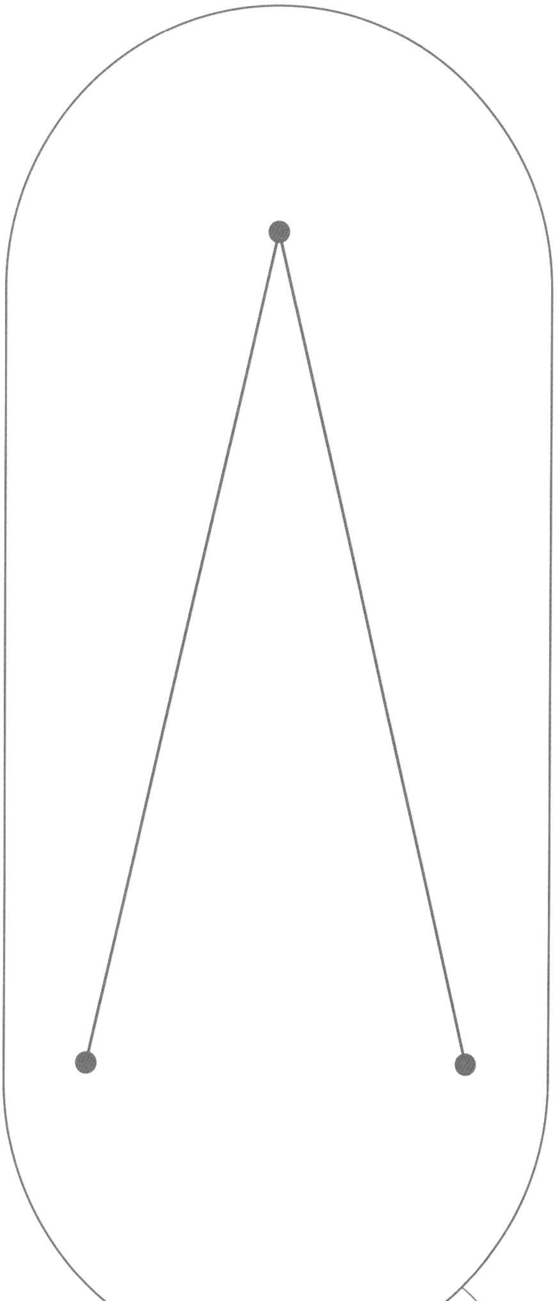

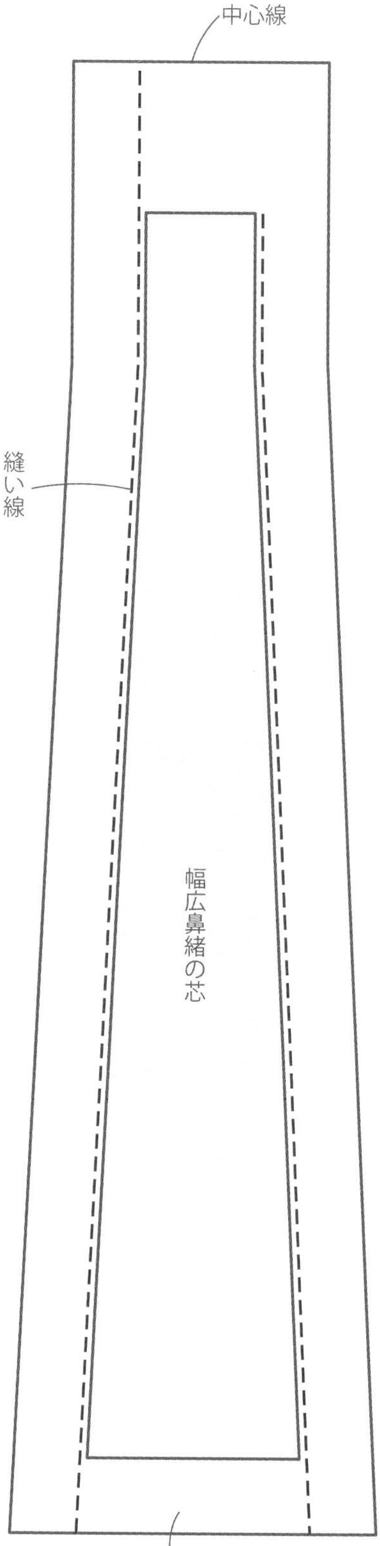

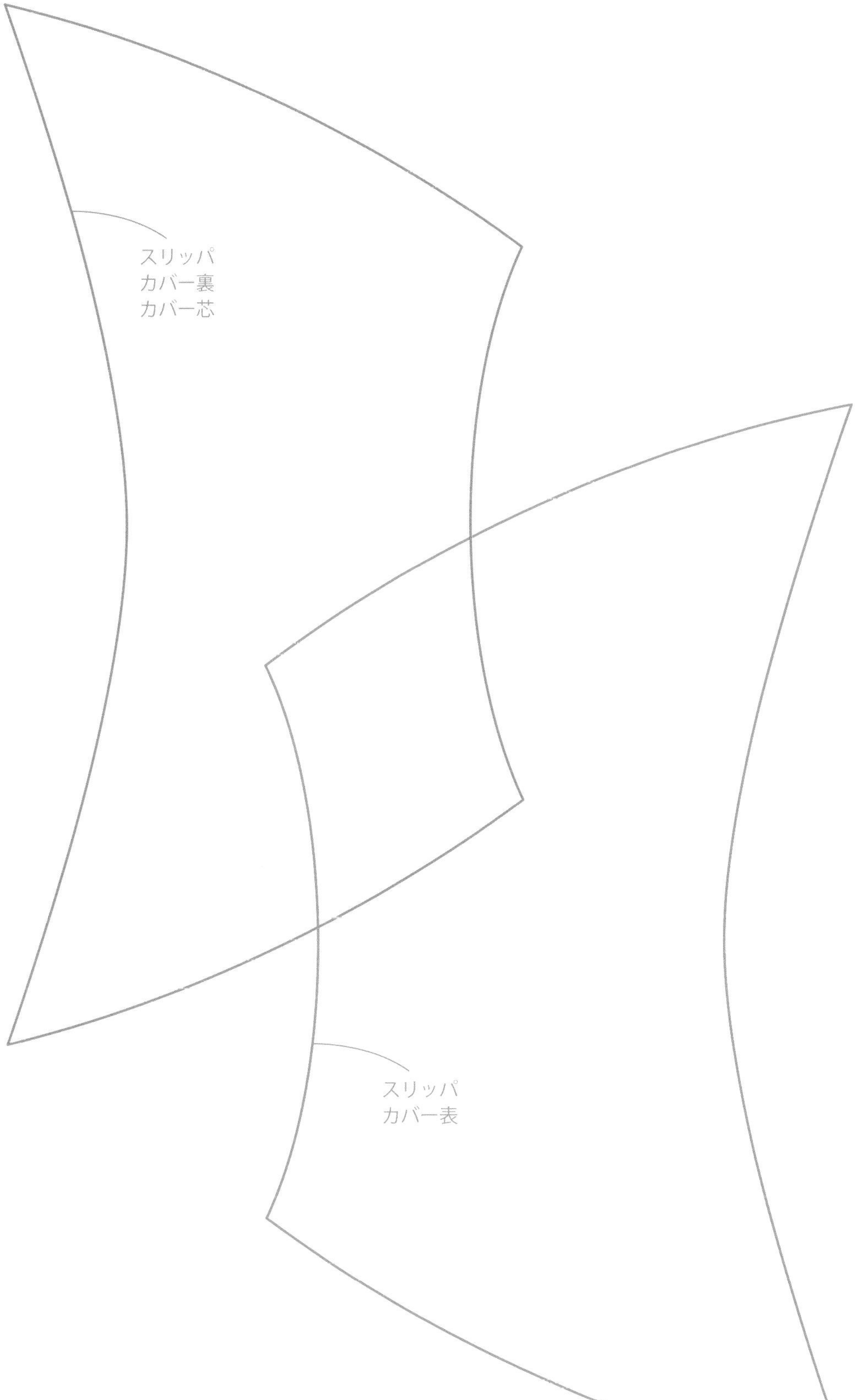

27cm

23.5cm

21cm

18cm

15cm

15cmサイズの型紙

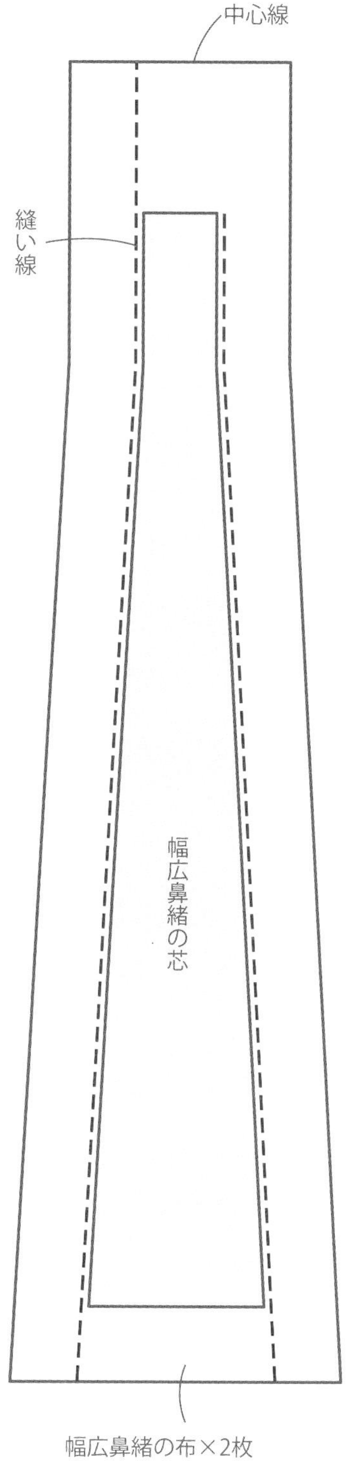

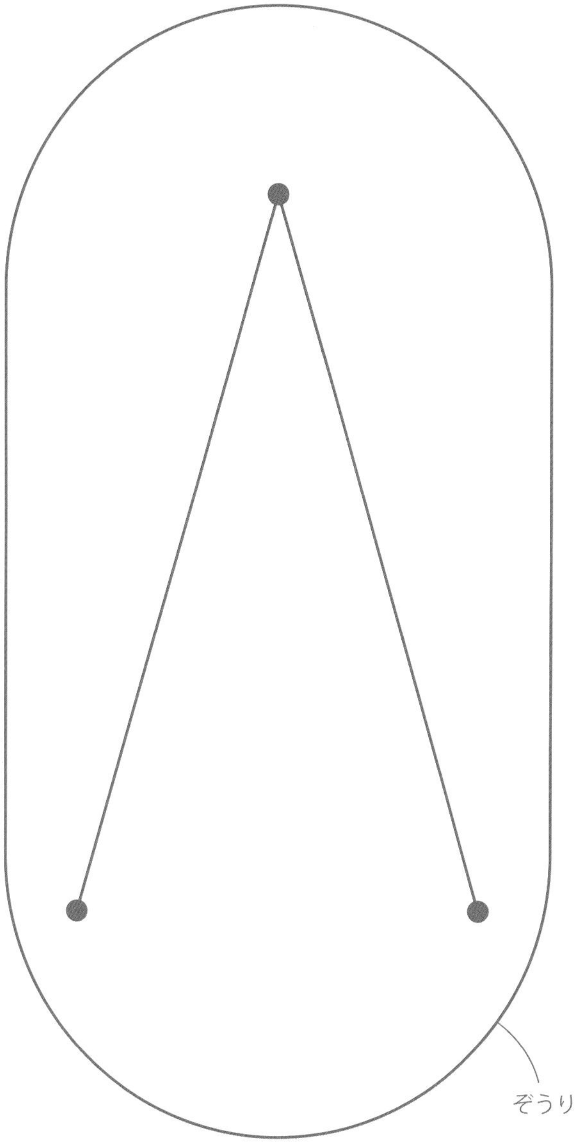

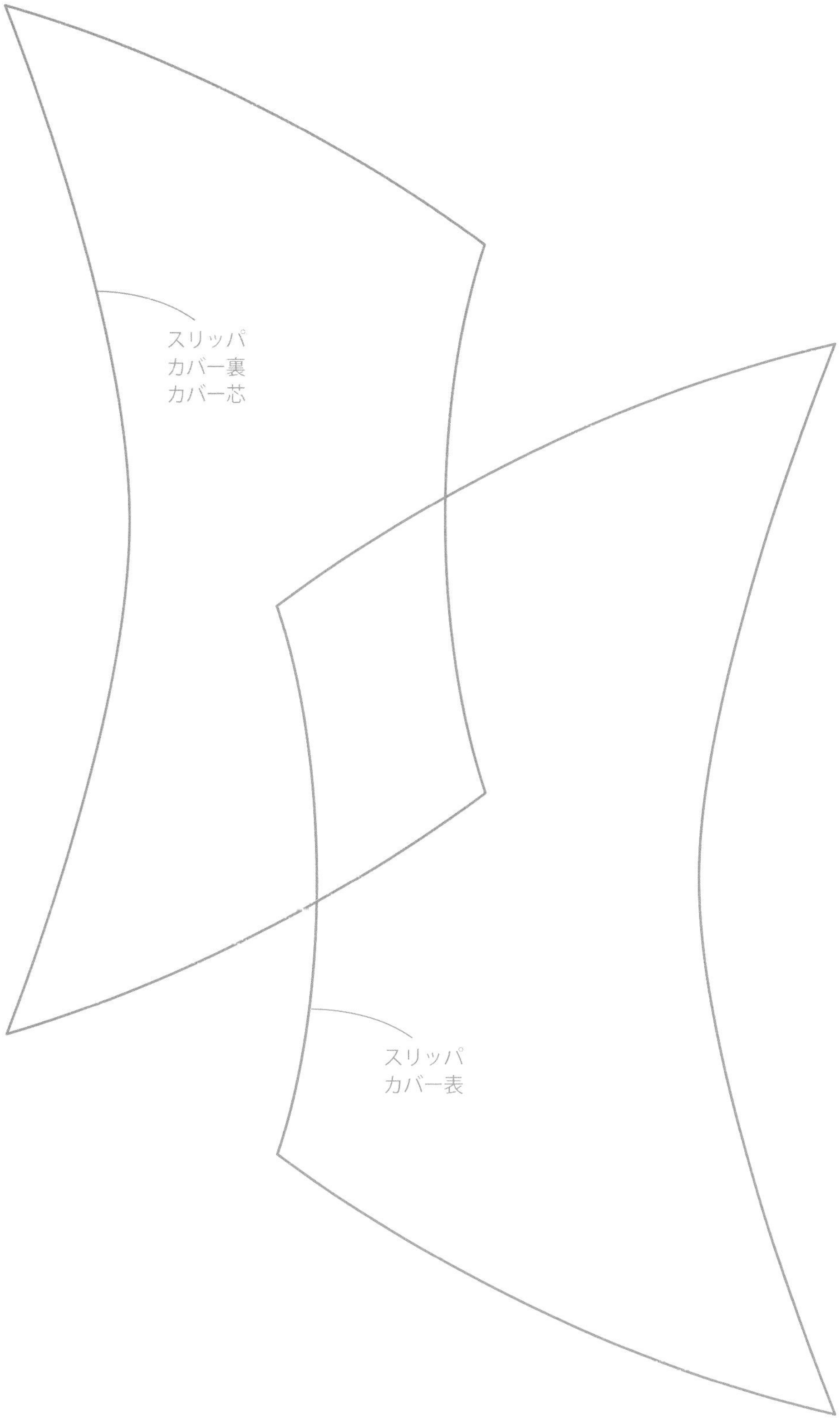
スリッパ
カバー裏
カバー芯
スリッパ
カバー表

Profile　小石正子

洋裁家として40年以上活動後、1998年より古着や古布のリサイクルのために、戦時中に疎開先で覚えたワラジ作りを改良した布ぞうり作りに取り組み、“オリジナルあみあみ布草履”を発表。2006年、初著書『手で編む可愛い布ぞうり』（小社刊）が大ヒットし、布ぞうりブームを作る。丈夫で肌に優しい布ぞうりや思い出の服や古布を蘇らせるエコの心、もったいない精神が共感を呼び、さまざまなイベントや講座を通じて手で編む布ぞうりのすばらしさを広めている。

Staff

撮影	山本 智 松岡 誠（Y·P·S） 前田一樹
ブックデザイン	釜内由紀江 五十嵐奈央子（GRiD）
スタイリスト	荒川敦子 藤田純子 正木 俊
ヘアメイク	千葉結香子
取材・文	別府優希
イラスト	八文字則子
校正	今西文子（ディクション）
モデル	内田康太　中村海成　中村柚希　藤野さやか 藤野たつや　千葉ひかる　黒津智子　黒津莉華子
作品製作協力	小石淑子　長南美智子　田淵浩子　永森直美
編集協力	櫻井一二三　原 忍　大館市立田代中学校
企画・編集	桜井美貴子（株式会社エイブル）

＊本書は『手で編む可愛い布ぞうり』『親子で編む！履く！布ぞうり』『小石正子のオーガニックコットンで編む布ぞうり』（それぞれ2006年、2007年、2008年小社刊）を合わせて再編集したものです。

本書の内容に関するお問い合わせは、お手紙かメール（jitsuyou@kawade.co.jp）にて承ります。恐縮ですが、お電話でのお問い合わせはご遠慮くださいますようお願いいたします。

古着・古布の再利用もOK！
手で編むみんなの布ぞうり

2021年7月20日　初版印刷
2021年7月30日　初版発行

著　者	小石正子
発行者	小野寺優
発行所	株式会社河出書房新社 〒151-0051 東京都渋谷区千駄ヶ谷2-32-2 電話03-3404-1201（営業） 　　03-3404-8611（編集） https：//www.kawade.co.jp/
印刷·製本	三松堂株式会社

Printed in Japan
ISBN978-4-309-28898-7